Las recetas de este libro están disponibles en la memoria de recetas Thermomix® que lo acompaña. Debido a que comprobamos y actualizamos nuestras recetas constantemente, puede haber diferencias entre las publicadas en el libro y las de la memoria de recetas Thermomix®. En todo caso, todas las recetas, ya estén actualizadas recientemente o no, se han testado y salen bien.

Repostería y pastelería I

thermomix

ESTIMADO LECTOR,

Thermomix® es el aliado perfecto en la cocina de cada día. Su sencillez de manejo, la rapidez con la que permite elaborar cualquier tipo de receta y la facilidad que ofrece para mantener una dieta equilibrada y saludable son los principales motivos de su extraordinario éxito comercial en todo el mundo.

La versatilidad es, sin duda, su principal característica. Por eso, además de las múltiples funciones que incorpora y de las amplias posibilidades de uso para la cocina de diario, la mayoría de nuestros clientes no puede concebir Thermomix® sin los magníficos dulces y postres que con él se elaboran.

Este convencimiento nos llevó a desarrollar el libro "Repostería y pastelería con Thermomix®" que en tan sólo cinco años se ha convertido en uno de los más demandados por nuestros clientes y en un clásico de nuestra biblioteca. Su primera edición tuvo una excepcional acogida que obligó a realizar nada menos que cinco reimpresiones en tan sólo tres años. A finales de 2012 vio la luz una nueva edición completamente renovada en la que, además de revisar las anteriores, se incorporaron nuevas recetas así como los valores nutricionales y fotografías de todas ellas.

Con esta nueva edición acometemos el ambicioso reto de superar uno de los mejores libros de Thermomix®. Además de las mejores recetas de la anterior edición, hemos incorporado otras muy representativas de la repostería moderna. Con la pretensión de hacerlo más ameno y didáctico, hemos aumentado el espacio dedicado a cada una de las recetas y hemos incorporado fotografías de pasos en muchas de ellas. Ello nos ha obligado a aumentar significativamente el número de páginas y dividirla en dos volúmenes.

En el primer volumen encontraremos unas nociones preliminares acerca de las técnicas, utensilios e ingredientes básicos que ayudarán a los menos expertos a familiarizarse con el mundo de la repostería. A continuación, como complemento de las que ya aparecen en el libro "Cocina fácil y saludable", presentamos las recetas imprescindibles en un buen libro de repostería. Seguiremos con bizcochos, galletas, *cupcakes* y pastas para terminar con un clásico de la cocina española como son los dulces fritos.

En el segundo volumen profundizamos en el mundo de la pastelería empezando por las tartas clásicas, tras las que les presentamos una amplia y variada gama de pasteles, postres, salsas, cremas y mermeladas. El punto final lo pone un capítulo dedicado a los dulces de Navidad.

El resultado final es esta gran obra en la que proponemos unas suculentas y creativas recetas que le permitirán introducirse o perfeccionarse en el sabroso arte de la repostería y celebrar de manera especial las grandes ocasiones.

Espero que lo disfrute.

Ignacio Fernández-Simal
Director Thermomix® España

Sumario

INTRODUCCIÓN 8

BÁSICOS 20

BIZCOCHOS 38

MUFFINS Y CUPCAKES 70

GALLETAS Y PASTAS 90

PEQUEÑA PASTELERÍA 112

DULCES DE SARTÉN 166

ÍNDICE POR CAPÍTULOS 188
ÍNDICE ALFABÉTICO 190
IMPRESIÓN 192

Antes de comenzar a preparar las recetas, consulte la información sobre recetas básicas, equipamiento de cocina, utensilios e ingredientes que viene a continuación.

Las masas

MASAS DE BOLLERÍA CON LEVADURA DE PANADERÍA

Son masas que necesitan amasarse para desarrollar bien el gluten (la proteína) de modo que obtengan el cuerpo y la estructura necesarios. Llevan levadura fresca o deshidratada de panadería.

MASAS QUEBRADA Y *SABLÉ*

Se utilizan para hacer bases de tartas y tartaletas (rellenas o cubiertas) o para la elaboración de galletas.

No deben amasarse con la función amasar, solo mezclarse brevemente a más velocidad (normalmente velocidad 6, pero en cada receta se indica con exactitud). La razón es que si se trabajan mucho, como ocurre en un amasado, quedan duras o apelmazadas tras el horneado. Dependiendo de la receta llevarán levadura química en polvo o no.

¿Cómo cubrir los moldes con estas masas? Hay varios modos:

- El más sencillo es formar con la masa una bola o barra, dejarla reposar en el frigorífico envuelta en film transparente 15-30 minutos y forrar el molde cortando rebanadas de masa de aprox. 5 mm de grosor. Después se van colocando sobre el fondo y las paredes del molde y se unen las rebanadas con las yemas de los dedos para forrar el molde uniformemente. De este modo no se manipula con las manos excesivamente, no se llega a templar y se maneja más fácilmente.

También puede estirarse con el rodillo colocando la masa refrigerada entre dos láminas de plástico alimentario. Estas láminas pueden obtenerse abriendo dos bolsas grandes para congelación y cortando con una tijera la base y uno de sus lados para formar un rectángulo.

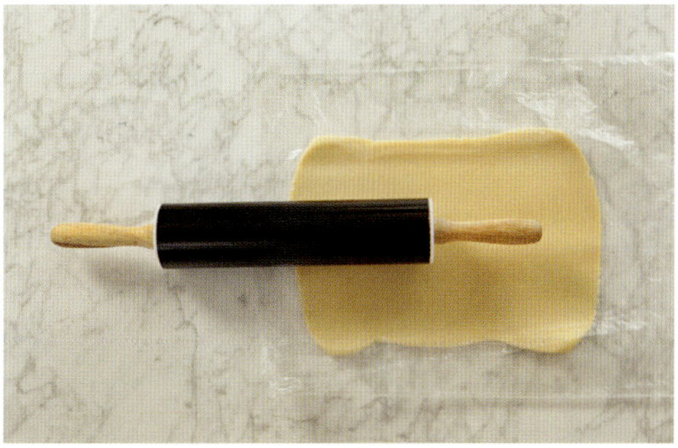

MASAS DE BIZCOCHOS

Masas más fluidas que las anteriores, y tampoco requieren amasado. Existen dos tipos de bizcochos:

- Bizcochos ligeros. Sin levadura, en los que los huevos se baten junto con el azúcar durante varios minutos para después mezclar la harina delicadamente (genovés).

- Bizcochos pesados. Son a los que se añade mantequilla, aceite, yogur, etc., por lo que requieren levadura (cuatro cuartos).

Estas masas se hornean en moldes engrasados y espolvoreados, o bien con harina, o bien forrados con papel de horno, la finalidad es facilitar el desmoldado. Para comprobar si un bizcocho está completamente horneado, inserte una brocheta en el centro, y si al retirarla sale limpia o con migas que se separan fácilmente de la brocheta, estará hecho.

Para cortar un bizcocho en capas, puede usar un cuchillo largo y afilado o de sierra y cortar transversalmente. Si pincha un palillo por cada capa en el lateral del bizcocho, formando una línea vertical, será más fácil volver a colocar cada capa exactamente en el mismo sitio volviendo a alinear los palillos al poner una capa sobre otra. Para levantar las capas, rellenarlas y volver a montarlas más fácilmente, ayúdese de una lámina rígida pero no gruesa (de cartón o de metal, como puede ser el fondo de un molde desmontable), introduzca la lámina entre dos capas y retírela con la capa superior para dejar la superficie de la inferior descubierta.

También puede cortar en capas un bizcocho redondo con un hilo fino (de costura) más largo que el perímetro del bizcocho. Con un cuchillo de sierra, haga un corte poco profundo (aprox. 5 mm) en el perímetro del bizcocho. Coloque el hilo dentro del corte y rodee con él el bizcocho, cruce ambos extremos del hilo y tire de los mismos.

MASAS ESCALDADAS *(CHOUX)*

Una masa escaldada es una masa en la que la harina se cocina previamente en un líquido hirviendo. Es importante dejar que pierda un poco de temperatura antes de añadir los huevos y estos siempre se tienen que añadir de uno en uno (no añada el siguiente hasta que el anterior se haya integrado con la masa).

MASAS PARA TEJAS, *CRÊPES*.

Son aún más líquidas y tampoco se amasan, solo se mezclan. Se ponen directamente en una capa muy fina sobre la bandeja de horno (forrada con papel de hornear) o sobre la sartén.

Para la elaboración de repostería y pastelería casera, además del Thermomix® es necesario disponer de otras herramientas:

El horno

El horno es una herramienta esencial en repostería. Conocer bien su propio horno es conveniente para el éxito de las recetas, consulte el manual del mismo si fuera necesario. El termostato del horno debería funcionar de manera precisa, pero en el caso de hornos con años de uso puede haber perdido esa precisión. Para comprobar que la temperatura realmente es la deseada, puede adquirir un termómetro para horno, que se coloca en el interior al encenderlo y se puede dejar dentro con el horno caliente.

Para las recetas de estos libros se han utilizado hornos eléctricos. Si solo dispone de horno de gas, tenga en cuenta el manual de uso del mismo.

CALOR: ¿SÓLO ARRIBA Y ABAJO O CON VENTILADOR?

Casi todas las recetas se pueden realizar con cualquiera de estas funciones, calentamiento arriba y abajo o con aire. En caso de no ser así, se indica en la receta (por ejemplo, no conviene usar el aire para hornear los *macarons*).

No olvide precalentar el horno cuando lo indique la receta, es necesario que el horno alcance la temperatura deseada para un correcto horneado en el tiempo que indica la receta.

Accesorios útiles

MANGA PASTELERA. Se utilizan mangas pasteleras desechables que puede adquirir en cajas de varias unidades.

BOQUILLAS. Son de diferentes diámetros y con diferentes dibujos en su boca o parte más estrecha, desde lisas hasta estriadas, aplastadas, sesgadas, etc. Se montan en la manga y se utilizan para decorar, formar piezas, etc.

PAPEL DE HORNEAR. Papel vegetal antiadherente bastante resistente al calor, específico para su uso en horno.

PINCEL DE REPOSTERÍA. Son de diferentes tamaños y se utilizan para pintar o bañar piezas, humedecer, abrillantar, etc.

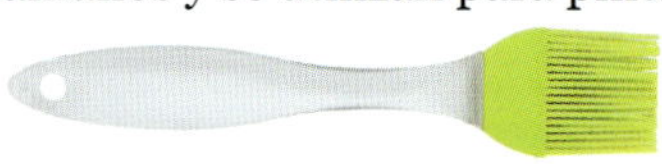

CORTAPASTAS. De metal o de plástico, tienen diferentes tamaños y formas, y los bordes -lisos o rizados- sirven para cortar formas de masas y pastas.

ESPÁTULAS DE REPOSTERÍA. Suelen ser de metal pero deben tener cierta flexibilidad. las hay de diferentes largos y su uso dependerá de las piezas en las que se vaya a trabajar. Se usan para extender cremas, alisar tartas y pasteles, etc.

LENGUA DE GOMA. Compuesta de un mango y una punta redondeada de goma elástica o de silicona y se emplea para rebañar cremas, mezclar preparados, etc.

MOLDES DESMONTABLES. El fondo se puede separar de sus paredes, pueden llevar un cierre o simplemente encajar el fondo sobre la base. Se emplean para cocer bizcochos, dar forma a tartas, etc.

MOLDES DE *MUFFINS*. Revestidos interiormente de materiales antiadherentes, aunque también los podemos encontrar de silicona. Los hay individuales y en bandejas de 6, 12 y 24 unidades según tamaño.

CÁPSULAS DE PAPEL. De diferentes tamaños para elaborar magdalenas y *cupcakes*. Existen desde los más clásicos, hasta de diferentes formas, colores y texturas.

MOLDE DE *CAKE*. Son de forma rectangular y los hay de diversos materiales. Para las recetas del libro se han utilizado moldes de metal. Sirven, además de para hornear bizcochos forrándolos interiormente de papel, para cocer al baño maría o al vapor y para dar forma a helados y otras preparaciones.

MOLDES DE CORONA O *SAVARIN*. Son lisos o con relieve, de silicona o metálicos y se emplean para hornear savarines, bizcochos, *bundt cake*, etc. También se utilizan en preparaciones frías como, por ejemplo, el *bavaroise*.

RODILLO. Los hay de diversos materiales, y se emplea para estirar, aplastar o golpear masas.

MOLDES DE TARTALETAS. De chapa, aluminio o silicona y de diferentes formas (redondas, ovaladas o barquitas), con bordes lisos o rizados. Se emplean para formar tartaletas, tanto en blanco (precocción de la masa) como rellenas.

CAZO HONDO PARA FREÍR, SARTÉN (O FREIDORA ELÉCTRICA). Se utilizan normalmente para freír piezas que necesiten gran cantidad o altura de aceite como: pestiños, buñuelos, rosquillas, etc.

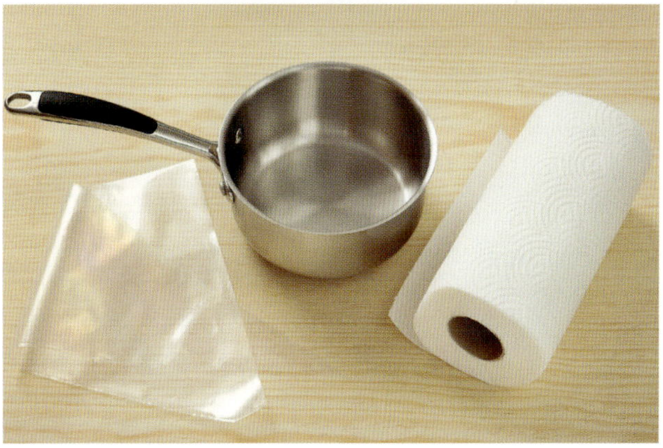

REJILLA. Sirve para enfriar bizcochos, *muffins*, tartaletas una vez desmoldados evitando así que la base se humedezca. También sirve para bañar diferentes elaboraciones como rosquillas americanas, tarta Sacher, etc.

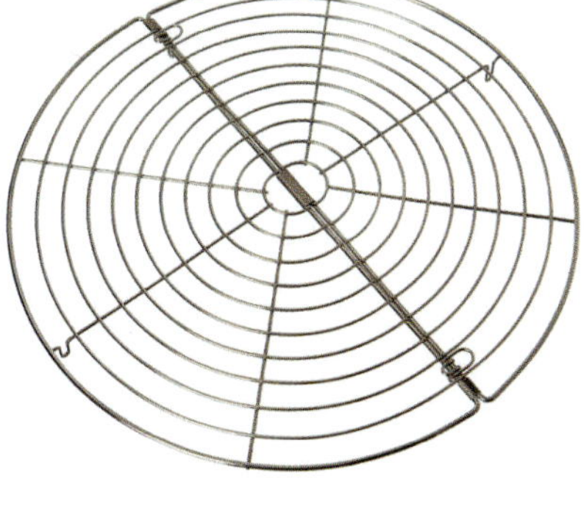

Los ingredientes

Salvo que se indique otra cosa en la receta, los ingredientes empleados en este libro obedecen a las siguientes características y usos:

HUEVOS. Se utilizan siempre huevos de tamaño M (de 53 a 63 g).

LECHE. Se utiliza leche entera de vaca.

NATA PARA MONTAR. Recomendamos un porcentaje graso de 33-35% (en los envases suelen indicar si es adecuada para montar). Recuerde que tiene que estar muy fría para poder montarla con éxito.

HARINA

Los tipos de harinas, por su contenido proteico (gluten), se denominan de distinto modo y tienen diferentes usos:

- **Harina de repostería.** Contenido bajo de gluten (aprox. 8-10%). Se utiliza fundamentalmente para la elaboración de bizcochos, galletas, magdalenas, bases para tartas, etc.

- **Harina de fuerza.** Su contenido en proteínas es de 11-12 %. Se utiliza para masas panificables que llevan levadura de panadería (roscón de Reyes, *brioches*, rosquillas americanas).

En el mercado se puede encontrar harina con levadura añadida, específica para la elaboración de bizcochos. No la utilice para elaborar las recetas de estos libros.

MAICENA

La maicena se emplea para espesar cremas. Espolvoreada ayuda a estirar o formar masas y pastas, como en el caso del mazapán. Algunas recetas se elaboran con maicena en lugar de harina para dar una textura más arenosa (los alfajores).

AZÚCAR

- **Azúcar blanco cristalizado o blanquilla.** Es el azúcar refinado blanco.

- **Azúcar moreno.** Es el azúcar sin refinar o poco refinado, de color marrón más o menos oscuro y más o menos pegajoso al tacto según el grado de refinado.

- **Azúcar glas.** Es azúcar blanco pulverizado. Se prepara en segundos con el Thermomix®. El azúcar glas comercializado puede llevar incorporado un porcentaje bajo de almidón (maicena).

LEVADURAS E IMPULSORES

- **Química en polvo.** Se presenta en sobres o en botes, la medimos siempre en gramos o en cucharaditas. Los sobres suelen tener 15 - 16 g de levadura.

- **De panadería.** Puede ser fresca prensada o deshidratada en gránulos según se indique en la receta.

- **Sobres de gaseosa dobles.** Es un impulsor que se utiliza como gasificante en la elaboración de dulces de masas batidas (bizcochos, magdalenas, etc.). Se componen de dos sobres de colores diferentes, uno con gasificante (bicarbonato sódico) y el otro con un acidulante.

MIEL. Se utiliza la miel común de textura líquida, no cremosa, ni en panal.

MANTEQUILLA. Tenga en cuenta usarla tal y como se indica en la lista de ingredientes, en cuanto a temperatura y troceado.

MANTECA DE CERDO. Al igual que para la mantequilla, utilícela como se indique en la receta. Proporciona a las masas una textura hojaldrada.

MARGARINA. De origen vegetal, proporciona a las masas una textura distinta (más blanda y pegajosa) a la obtenida con mantequilla.

ACEITES. De oliva y de girasol según indiquen las recetas.

CHOCOLATE Y CACAO

• **Chocolate *fondant*.** Utilice siempre chocolate con un mínimo de 50% de cacao, utilizado habitualmente para coberturas y postres.

• **Chocolate con leche.** Contiene sólidos de leche y el porcentaje de cacao es aproximadamente el 4-5%.

• **Chocolate blanco.** No lleva sólidos de cacao, solo la manteca del cacao, azúcar, aromas y sólidos de leche.

• **Cacao puro en polvo.** Es el sólido del cacao molido y sin azúcar añadido (no hay que confundirlo con el chocolate soluble para bebidas).

FRUTOS SECOS Y FRUTA DESHIDRATADA

• **Almendras, avellanas, nueces, piñones, pistachos.** Se han utilizado enteros, crudos, sin piel y sin sal salvo que se indique otra cosa; y se han troceado o molido y dejado crudos o tostados según el caso.

• **Las frutas deshidratadas.** Uvas pasas, orejones, ciruelas pasas y dátiles, se emplean sin hueso.

Es importante seguir la indicación de la lista de ingredientes de cada receta para garantizar el resultado.

LECHE CONDENSADA. Se trata de la leche entera concentrada y azucarada.

LECHE EVAPORADA. Leche entera concentrada sin azúcar añadido.

CANELA. Se ha utilizado canela en rama (para aromatizar preparaciones) y canela molida (normalmente mezclada con azúcar para rebozar).

VAINILLA

• **Vainilla en rama.** Extraída de una variedad de orquídea, que se utiliza para aromatizar preparaciones. Se debe cortar transversalmente para raspar el interior y obtener así los granos.

• **Vainilla líquida.** Es un concentrado que se utiliza para aromatizar. Utilícelo en las cantidades marcadas en cada receta.

• **Azúcar vainillado.** El azúcar vainillado se elabora con vainillina sintética mezclada con azúcar blanco. Puede prepararla natural con su Thermomix® triturando 1 vaina de vainilla con 200 g de azúcar **15 seg/vel 10**.

PIELES DE CÍTRICOS. Utilice un pelador para obtener tiras de aprox. 1-1,5 cm de ancho, de la parte verde, amarilla o naranja en función del cítrico utilizado.

MENTA FRESCA. Habitualmente utilizada para aromatizar preparaciones o para decorar. Se utiliza la rama entera o las hojas respectivamente.

CAFÉ SOLUBLE. También conocido como café instantáneo.

Consejos útiles

USO Y MANEJO DE LA MANGA PASTELERA

La manga pastelera es uno de los accesorios más utilizados en la repostería.

Cómo utilizar una manga pastelera

1. Corte la manga por la parte más estrecha teniendo en cuenta el tamaño de la boquilla.

2. Coloque la boquilla en la abertura estrecha, procurando que quede bien ajustada.

3. Cierre la manga metiendo por la parte interna de la boquilla parte de la manga para evitar que la preparación que va dentro se salga.

4. Coloque la manga en una jarra, rellénela con la preparación y ciérrela retorciendo los bordes dándoles varias vueltas.

5. Coloque la manga entre los dedos índice y pulgar presionando para que salga la preparación y sujetando con la mano izquierda por debajo.

6. Cuando quede poca preparación dentro de la manga, colóquela en la superficie de trabajo y utilice la espátula para bajar los restos que queden repartidos por la manga deslizándola hacia la boquilla.

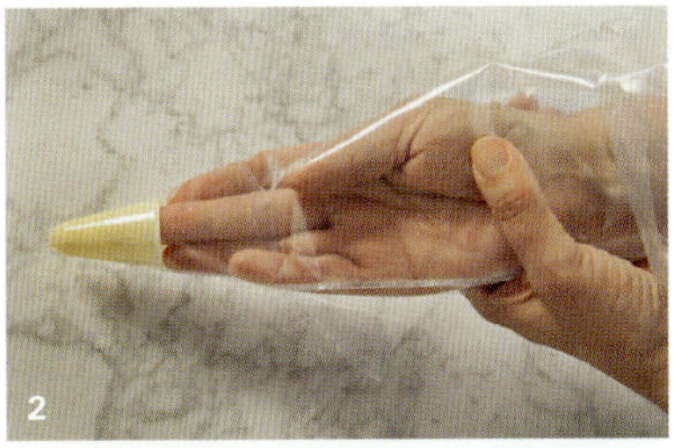

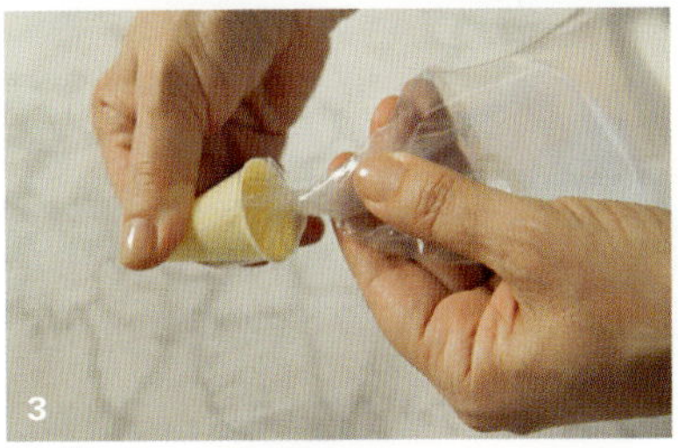

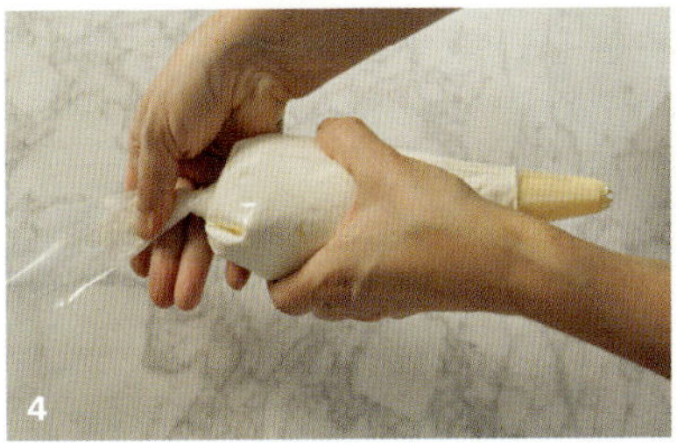

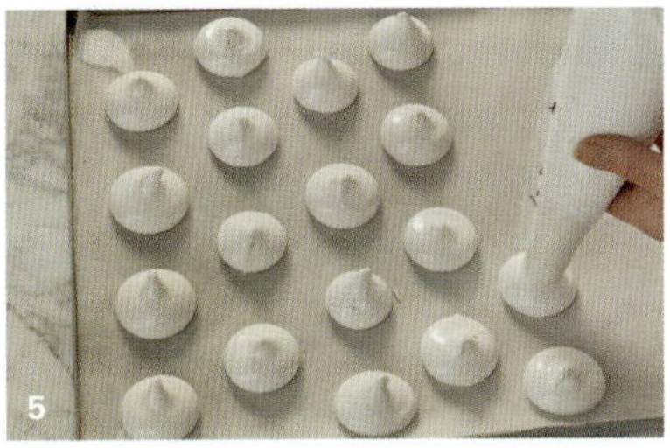

MANEJO Y ESTIRADO CON RODILLO

Cómo utilizar un rodillo

• No es recomendable presionar en exceso y dar alguna pasada más ya que esto puede romper o deteriorar la masa.

• Cuando la masa es gruesa, se debe golpear suavemente para hacerla más fina y que nos permita estirarla más fácilmente.

• Se debe presionar con la misma fuerza en ambas manos. De esta manera, obtendremos un estirado perfecto.

• Se debe trabajar siempre estirando la masa del centro hacia afuera.

•Antes de estirar, dele a la masa forma redonda para un molde redondo y cuadrada para un molde cuadrado.

Estirar masas con un grosor determinado

Puede utilizar dos guías (láminas de madera, cartones, revistas, etc.) a cada lado de la masa. Al apoyar el rodillo sobre las guías conseguiremos el grosor deseado. Para comprobar el grosor de la masa, puede utilizar una regla para medir grosores.

ENGRASAR Y ENHARINAR MOLDES O FORRAR CON PAPEL

Para evitar que ciertas elaboraciones se peguen al molde se pueden utilizar dos técnicas:

1. Engrasar ligeramente con mantequilla el interior y las paredes del molde y a continuación espolvorearlo con harina.

2. Forrar el molde con papel de hornear:

• **Molde redondo desmontable:** cubra la base del molde desmontado para, a continuación, montarlo fijando el papel en la base. Recorte el sobrante y pincele el interior de las paredes con aceite o mantequilla. Con una tira de papel, cubra las paredes del molde.

• **Moldes cuadrados y rectangulares:** cruce dos tiras de papel de hornear o dos folios en la base del molde.

MEZCLAR ELABORACIONES CON DIFERENTES TEXTURAS

Siempre debe mezclar con movimientos envolventes, lentos y circulares pasando la espátula o una varilla por el borde del recipiente. Esta mezcla se debe realizar con mucho cuidado, para que el resultado final de la mezcla sea el esperado.

FORRAR UN MOLDE CON UNA MASA

Una vez estirada la masa, envuelva con ella el rodillo y déjelo rodar sobre el molde a cubrir. Ajuste la masa a la forma del molde y deslice el rodillo sobre los bordes para recortar la masa sobrante.

SUGERENCIAS DE DECORACIONES

Sea creativo y prepare sus propias decoraciones para tartas y pasteles como frutas talladas, *chips* de manzana, gajos de cítricos, figuras con hojaldre, pétalos cristalizados, etc.

BÁSICOS

Indispensables como base para preparar repostería más elaborada. Puede consultar también otras recetas básicas en su libro “Cocina fácil y saludable”.

MASA DE HOJALDRE CLÁSICA

INGREDIENTES

410 g de mantequilla fría
500 g de harina de fuerza (y un poco más para trabajar la masa)
250 g de agua (a temperatura ambiente)
10 g de sal

ACCESORIOS ÚTILES

film transparente
bolsa de plástico grande de uso alimentario
rodillo

PREPARACIÓN

1. En el microondas, funda 60 g de mantequilla y reserve.
2. Ponga en el vaso la harina, el agua, la sal y la mantequilla fundida y mezcle **30 seg/vel 4**. Retire la masa del vaso, dele forma de bola y envuélvala en film transparente. Déjela reposar en el frigorífico durante 30 minutos.
3. Coloque 350 g de mantequilla fría dentro de una bolsa de plástico y dele unos golpes con el rodillo para aplastarla y formar un rectángulo de aprox. 13x10 cm.
4. Retire y reserve el film de la masa y, con el rodillo, extiéndala en forma de cruz dejando la parte central con una leve elevación. Coloque en el centro el bloque de mantequilla y cierre los lados de la masa hacia el centro, de manera que la mantequilla quede totalmente cubierta con la masa. Envuelva con el film transparente y deje reposar en el frigorífico durante 20 minutos.
5. Coloque el bloque de masa sobre la encimera, con los cierres hacia abajo, y con la ayuda del rodillo, extiéndalo formando un rectángulo de 50x25 cm. Haga una vuelta doble (divida de forma imaginaria el rectángulo de masa en cuatro partes A , B, C y D. Doble A sobre B y D sobre C para luego doblar A+B sobre D+C). Envuelva de nuevo en el film transparente y deje reposar durante 20 minutos en el frigorífico.
6. Extienda nuevamente la masa formando un rectángulo de 50x25 cm. Haga una vuelta sencilla (divida de forma imaginaria el rectángulo de masa en tres partes A , B y C. Doble A sobre B y C sobre A+B). Envuelva en el film transparente y deje reposar durante 20 minutos en el frigorífico.
7. Repita estos dos pasos (una vuelta doble y una sencilla) y deje reposar en el frigorífico un mínimo de 4 horas antes de utilizarla. Utilice a su conveniencia.

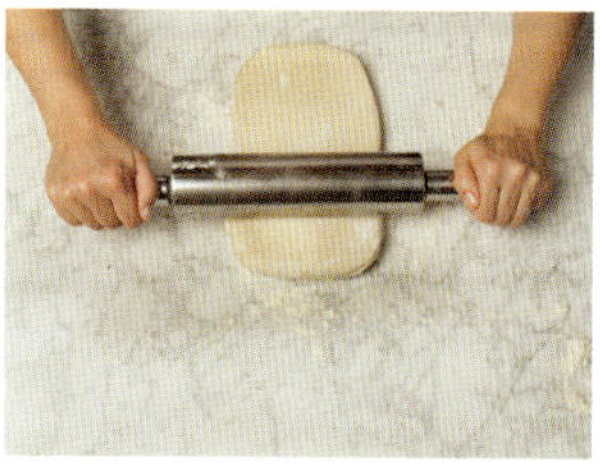
Paso 5

Paso 5

Paso 5

Paso 5

1 h

7 h

alta

1 receta completa (aprox. 1100 g)

Por receta completa:
Energía 19.961 kJ / 4.475 kcal
Proteínas 53 g / Hidratos 358 g / Grasa 348 g
Colesterol 1.025 mg / Fibra 18 g

Paso 5

Paso 5

Paso 5

Paso 6

Paso 6

Paso 6

Paso 6

Paso 6

SUGERENCIAS

- En total hará 2 vueltas dobles y 2 vueltas sencillas. Es muy importante respetar los 20 minutos de espera entre cada vuelta, para que la mantequilla no se endurezca demasiado y rompa la masa al extenderla.
- Esta masa sirve para tartas, pasteles, milhojas, tartaletas, volovanes, palmeritas, etc.
- El éxito de esta receta depende de que se mantenga la masa fría de modo que las capas de mantequilla no se derritan. Una superficie de trabajo fría (mármol o piedra) y una temperatura ambiente fresca son recomendables. Si en algún momento del proceso nota que la masa se desenfría, póngala en el congelador durante cinco minutos antes de volver a estirarla.
- Para evitar que la masa se pegue a la encimera, espolvoree ésta ligeramente con harina cuando sea necesario o estire la masa entre dos hojas de papel de hornear.
- La masa de hojaldre se congela muy bien antes de hornearla. Descongélela en el frigorífico antes de usarla. Si se congela un poco estirada, el descongelado posterior será más rápido.
- Una vez horneado, el hojaldre se mantiene bien hasta 15 días si se guarda en un recipiente cerrado y en un lugar fresco y seco.
- Una vez cortadas las piezas que vaya a hornear, reserve en el frigorífico durante 15-20 minutos y hornee a 220°C.

PRALINÉ DE ALMENDRAS

INGREDIENTES
150 g de azúcar
40 g de agua
100 g de almendras crudas sin piel

ACCESORIOS ÚTILES
papel de aluminio
sartén antiadherente

PREPARACIÓN
1. Ponga el azúcar y el agua en una sartén antiadherente y caliente a fuego medio hasta que se funda y adquiera un color dorado. Añada las almendras, deje que se caramelicen y vierta sobre papel de aluminio o lámina de silicona. Deje enfriar (aprox. 1 hora).
2. Ponga en el vaso el praliné de almendras en trozos y trocee **3 seg/vel 5**. Utilice a su conveniencia o conserve en un recipiente hermético.

SUGERENCIAS
- Para un praliné pulverizado, triture **30 seg/vel 10**.
- Es ideal para decorar helados, enriquecer o espolvorear postres y cremas, etc.

10 min | 1 h 10 min | baja | 1 receta completa (aprox. 250 g)

Por receta completa:
Energía 497 kJ / 1.189 kcal
Proteínas 19 g / Hidratos 156 g / Grasa 54 g
Colesterol 0 mg / Fibra 11 g

MERENGUE FRANCÉS

INGREDIENTES
120 g de azúcar
4 claras de huevo
4 gotas de zumo de limón o de vinagre
1 pellizco de sal
100 g de azúcar glas

ACCESORIOS ÚTILES
bandeja de horno y papel de hornear
manga pastelera con boquilla

PREPARACIÓN
1. Precaliente el horno a 100°C. Forre una bandeja de horno con papel de hornear.
2. **Coloque la mariposa** en las cuchillas y ponga en el vaso 20 g de azúcar, las claras, el zumo de limón y la sal. Monte **4 min/vel 3.5**.
3. Ponga un bol sobre la tapa y pese 100 g de azúcar y el azúcar glas. Mezcle con una cuchara y reserve.
4. Sin poner el cubilete, programe **3 min/vel 3.5** y vaya añadiendo la mezcla de azúcar por la abertura. Vierta el merengue en una manga pastelera con boquilla lisa o rizada.
5. En la bandeja de horno preparada, forme rodales de merengue grandes o pequeños, o haga pequeñas figuras o bocaditos.
6. Hornee a 100 °C durante 1-2 horas (dependiendo del tamaño) y deje enfriar dentro del horno con la puerta cerrada. Utilice o conserve a su conveniencia.

SUGERENCIAS
- El merengue francés debe utilizarse inmediatamente, de lo contrario se baja.
- Horneado puede usarlo como base de tartas (*Pavlova*, *Vacherin* de castañas, etc.).
- Si no estuviera bien seco, conviene dejarlo toda la noche en el horno con la puerta entreabierta para secarlo totalmente.

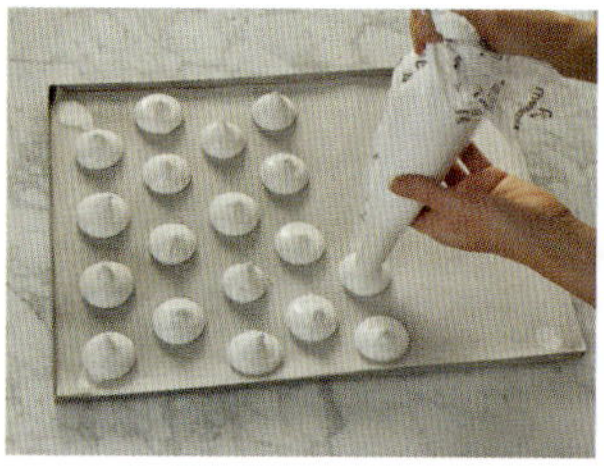
Paso 5

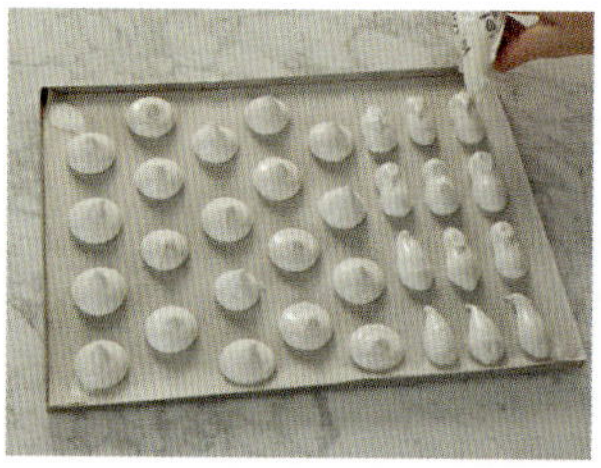
Paso 5

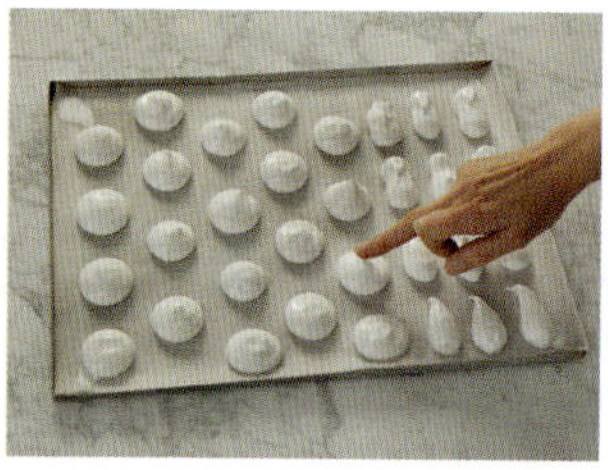
Paso 5

Paso 5

15 min

2 h 15 min

baja

1 receta completa (aprox. 350 g)

Por receta completa:
Energía 3.992 kJ / 955 kcal
Proteínas 18 g / Hidratos 221 g / Grasa <1 g
Colesterol 0 mg / Fibra 0 g

MERENGUE ITALIANO

INGREDIENTES
150 g de azúcar
50 g de agua
3 claras de huevo

ACCESORIOS ÚTILES
jarra

PREPARACIÓN
1. Ponga en el vaso el azúcar y el agua y, sin poner el cubilete, programe **10 min/115°C/vel 2**. Retire del vaso a una jarra y reserve.
2. **Coloque la mariposa** en las cuchillas. Ponga en el vaso las claras y monte **3 min/vel 3.5**.
3. Con la espátula, baje las claras montadas hacia el fondo del vaso. Monte de nuevo **10 min/vel 3.5** y añada en los 2 primeros minutos el almíbar reservado a hilo fino por la abertura. Retire del vaso y utilice a su conveniencia.

SUGERENCIA
- Este merengue es ideal para *soufflés* y *mousses*, sorbetes, *bavaroises*, semifríos, etc.

5 min

25 min

baja

1 receta completa (aprox. 300 g)

Por receta completa:
Energía 2.744 kJ / 656 kcal
Proteínas 13 g / Hidratos 150 g / Grasa <1 g
Colesterol 0 mg / Fibra 0 g

MERENGUE CON AGUA

INGREDIENTES
2 claras de huevo
200 g de azúcar
50 g de agua

ACCESORIOS ÚTILES
manga pastelera con boquilla

PREPARACIÓN
1. **Coloque la mariposa** en las cuchillas y ponga en el vaso las claras, el azúcar y el agua. Monte **10 min/50°C/vel 3.5**. Retire del vaso a una manga pastelera con boquilla lisa o rizada y utilice inmediatamente a su conveniencia.

SUGERENCIAS
- Puede utilizar claras de huevo pasteurizadas (aprox. 80 g).
- Este merengue está indicado para la decoración de todo tipo de pasteles, tartas, dulces, etc.

5 min | 15 min | baja | 1 receta completa (aprox. 320 g)

Por receta completa:
Energía 3.491 kJ / 835 kcal
Proteínas 8 g / Hidratos 200 g / Grasa <1 g
Colesterol 0 mg / Fibra 0 g

PASTA DE ALMENDRA

INGREDIENTES

200 g de azúcar glas
200 g de almendra molida
40 g claras de huevo pasteurizadas

PREPARACIÓN

1. Ponga en el vaso el azúcar glas y la almendra molida y mezcle **15 seg/vel 6**.
2. Incorpore la clara de huevo y mezcle **20 seg/vel 6**. Retire del vaso y utilice o conserve a su conveniencia.

SUGERENCIAS

- Para obtener distintos colores, separe la pasta de almendra en 2-3 partes, añada a cada una unas gotas de colorante alimentario rojo, amarillo, verde, etc. y mezcle bien con las manos hasta que el color sea uniforme.
- Se conserva en el frigorífico durante 1 semana dentro de un recipiente hermético.
- Esta pasta es ideal para hacer figuritas de mazapán, pan de Cádiz, huesos de Santo, etc. También para cubrir tartas, extendiéndola bien fina con el rodillo.

5 min | 5 min | baja | 1 receta completa (500 g)

Por receta completa:
Energía 8.345 kJ / 1.996 kcal
Proteínas 42 g / Hidratos 213 g / Grasa 108 g
Colesterol 0 mg / Fibra 21 g

MASA *SABLÉ* CON ALMENDRAS (SIN HUEVO)

INGREDIENTES

100 g de harina de repostería (y un poco más para espolvorear)
100 g de azúcar
100 g de almendra molida
100 g de mantequilla fría, en trozos pequeños (y un poco más para untar los moldes)

ACCESORIOS ÚTILES

film transparente
6 moldes de tartaleta de Ø 10-12 cm
rodillo

PREPARACIÓN

1. Ponga en el vaso la harina, el azúcar, la almendra molida y la mantequilla y mezcle **15 seg/vel 6**. Envuelva la masa en film transparente y déjela reposar en el frigorífico durante un mínimo de 15 minutos.
2. Divida la masa en 6 partes y estire cada una con el rodillo sobre una superficie espolvoreada con harina. Cubra con las masas 6 moldes de *quiche* de Ø 10-12 cm (o pequeñas tartaletas) previamente untados con mantequilla. Moje el borde de los moldes con agua para que la masa quede bien sellada. Deje reposar en el frigorífico durante 15 minutos mientras precalienta el horno a 180ºC.
3. Pinche las tartaletas con un tenedor para que no se hinchen al hornearlas y hornee 15 minutos (180ºC). Retire del horno, deje enfriar y utilice a su conveniencia.

SUGERENCIA

- Puede utilizar esta masa para elaborar galletas. Córtelas con un cortapastas y hornee durante 12-15 minutos (180°C).
- Una vez horneada, se conserva durante 2 semanas en un recipiente hermético y durante 2 meses en el congelador.
- Con estas cantidades también puede preparar una tartaleta de Ø 28-30 cm.

15 min

45 min

baja

6 unidades (tartaletas de Ø 10 cm)

Por unidad:
Energía 1.449 kJ / 347 kcal
Proteínas 5 g / Hidratos 30 g / Grasa 23 g
Colesterol 42 mg / Fibra 2 g

ALMÍBAR

INGREDIENTES

250 g de agua
250 g de azúcar

PREPARACIÓN

1. Ponga en el vaso el agua y el azúcar y mezcle **20 seg/vel 2**. Después, retire el cubilete y programe **7 min/100°C/vel 2**. Utilice a su conveniencia.

SUGERENCIAS

- Puede perfumarlo sustituyendo parte del agua por licores, zumos, café, etc., o bien añadiendo algunas gotas de extractos de diferentes sabores (vainilla, menta, fresa, almendra amarga, etc.).
- Según el uso que vaya a darle, puede utilizarlo caliente, templado o frío. Para mojar los bizcochos es conveniente tenerlo frío.
- Puede conservarlo durante varias semanas en un recipiente hermético en el frigorífico.

10 min | 10 min | baja | 1 receta completa (aprox. 500 g)

Por receta completa:
Energía 1.145 kJ / 273 kcal
Proteínas 0 g / Hidratos 67 g / Grasa 0 g
Colesterol 0 mg / Fibra 0 g

FONDANT (PASTA DE AZÚCAR)

INGREDIENTES

300 g de azúcar
15 g de glucosa
20 g de clara de huevo pasteurizada

PREPARACIÓN

1. Ponga en el vaso el azúcar y pulverice **30 seg/vel 10**.
2. Incorpore la glucosa y la clara pasteurizada. Mezcle **10 seg/vel 6**. Retire del vaso y compacte con las manos hasta que se unifique sin pegarse a ellas. Utilice a su conveniencia.

SUGERENCIAS

- Cuando se mezclan todos los ingredientes debe tener la consistencia del pan rallado.
- Si el resultado es un *fondant* blando, añada azúcar glas. Si le resulta seco, añada clara de huevo.
- Si prefiere hacer varios colores, divida la masa en porciones, añada a cada porción unas gotas del colorante alimentario elegido y trabaje la masa hasta que el color se unifique.
- Para evitar que se pegue la masa cuando la estire con el rodillo, espolvoree la superficie de trabajo con maicena o azúcar glas.
- Mantenga el *fondant* en el frigorífico, envuelto en film transparente para evitar que se seque.

5 min

5 min

baja

1 receta completa (aprox. 335 g)

Por receta completa.
Energía 4.635 kJ / 1.109 kcal
Proteínas 2 g / Hidratos 275 g / Grasa <1 g
Colesterol 0 mg / Fibra 0 g

BAÑO DE AZÚCAR

INGREDIENTES
40 g de mantequilla
30 g de agua
150 g de azúcar glas

PREPARACIÓN
1. Ponga en el vaso la mantequilla y el agua y caliente **2 min/50°C/vel 1**.
2. Añada el azúcar glas y mezcle **20 seg/vel 3**. Termine de mezclar con la espátula y retire del vaso. Utilice a su conveniencia.

SUGERENCIA
- Utilice para bañar rosquillas americanas *(doughnuts)*, pasteles, galletas, masas fritas, etc.

5 min

5 min

baja

1 receta completa (220 g)

Por receta completa:
Energía 3.767 kJ / 901 kcal
Proteínas <1 g / Hidratos 150 g / Grasa 33 g
Colesterol 100 mg / Fibra 0 g

BAÑO DE CHOCOLATE

INGREDIENTES

130 g de chocolate *fondant* (mín. 50% de cacao)
100 g de chocolate con leche

PREPARACIÓN

1. Ponga en el vaso los chocolates y ralle **10 seg/vel 7**. Retire a un bol.
2. Ponga en el vaso 150 g del chocolate rallado y funda **3 min/50°C/vel 2**.
3. Añada el chocolate rallado restante y mezcle **2 min/vel 3**. Retire del vaso y utilice a su conveniencia.

SUGERENCIAS

- Utilice como cobertura de rosquillas americanas *(doughnuts)*, galletas, *muffins*, etc.
- Mientras está templado, el chocolate se mantiene líquido y brillante. Si quiere que endurezca, cubra la elaboración preparada y reserve en el frigorífico unos minutos.

5 min | 5 min | baja | 1 receta completa (aprox. 230 g)

Por receta completa:
Energía 5.052 kJ / 1.209 kcal
Proteínas 16 g / Hidratos 113 g / Grasa 77 g
Colesterol 19 mg / Fibra 18 g

BIZCOCHOS

Una selección muy variada en texturas y sabores. Bizcochos tanto para principiantes como para reposteros. ¡Consiga el bizcocho perfecto!

BIZCOCHO DE COCO

INGREDIENTES

1 cucharadita de mantequilla (para engrasar el molde)
140 g de harina de repostería
100 g de coco rallado
1 sobre de levadura química en polvo (15 g)
1 pellizco de sal
4 huevos
100 g de azúcar
1 yogur de coco
100 g de aceite de girasol
200 - 300 g de dulce de leche

ACCESORIOS ÚTILES

molde desmontable (Ø 20 cm)
rejilla

PREPARACIÓN

1. Precaliente el horno a 180°C. Engrase con mantequilla un molde desmontable de Ø 20 cm.
2. Ponga en el vaso la harina, 50 g de coco, la levadura y la sal y pulverice **20 seg/vel 10**. Vierta la mezcla en un bol y reserve.
3. Ponga en el vaso los huevos y el azúcar y bata **20 seg/vel 3**.
4. Añada el yogur y el aceite y bata **10 seg/vel 3**.
5. Incorpore la mezcla de harina reservada y mezcle **3 seg/vel 4**. Termine de mezclar suavemente con la espátula. Vierta la masa en el molde preparado.
6. Hornee durante 30-35 minutos (180°C). Desmolde y deje enfriar sobre una rejilla. Una vez frío, unte el bizcocho por fuera con el dulce de leche y espolvoréelo con el coco rallado restante. Corte en porciones y sirva.

10 min | 45 min | baja | 8 raciones

Por ración:
Energía 1.046 kJ / 250 kcal
Proteínas 5 g / Hidratos 15 g / Grasa 19 g
Colesterol 124 mg / Fibra 1 g

COCA DE LLANDA

INGREDIENTES
300 g de azúcar
2 - 4 tiras de piel de limón
3 huevos
250 g de leche
250 g de aceite de girasol
400 g de harina de repostería
3 sobres de gaseosa (dobles)

ACCESORIOS ÚTILES
molde rectangular

PREPARACIÓN
1. Precaliente el horno a 180°C. Engrase y enharine un molde de 25x35x5 cm.
2. Ponga en el vaso el azúcar y pulverice **20 seg/vel 10**.
3. Añada la piel de limón y pulverice **20 seg/vel 10**.
4. Incorpore los huevos y bata **3 min/37°C/vel 5**.
5. Añada la leche y el aceite y mezcle **10 seg/vel 5**.
6. Agregue la harina y la gaseosa y mezcle **10 seg/vel 3**. Termine de mezclar con la espátula y vierta la masa en el molde preparado.
7. Hornee durante aprox. 30 minutos (180°C). Retire del horno, deje templar y desmolde. Corte en porciones y sirva.

SUGERENCIAS
- Puede utilizar 1 sobre de levadura y 1 cucharadita de bicarbonato en lugar de los sobres de gaseosa.
- Puede espolvorear la coca con una mezcla de azúcar y canela antes de hornearla.

INFORMACIÓN
- "Llanda" significa "lata" en valenciano, de ahí deriva el nombre ya que suele hacerse en cualquier molde que haya en casa. También es llamada "Coca boba" por su sencillez.

10 min | 40 min | baja | 10 raciones

Por ración:
Energía 2.187 kJ / 523 kcal
Proteínas 7 g / Hidratos 60 g / Grasa 28 g
Colesterol 76 mg / Fibra 1 g

BIZCOCHO CUATRO CUARTOS

INGREDIENTES

4 huevos (claras y yemas por separado)
1 pellizco de sal
200 g de mantequilla blanda pero no fundida (y un poco más para engrasar el molde)
200 g de azúcar
200 g de harina de repostería (y un poco más para espolvorear el molde)
1 cucharadita de levadura química en polvo

ACCESORIOS ÚTILES

molde de *cake* de 1½ litros
rejilla

PREPARACIÓN

1. Precaliente el horno a 180ºC. Engrase con mantequilla y espolvoree con harina un molde de *cake* de 1½ litros de capacidad.
2. **Coloque la mariposa** en las cuchillas y ponga en el vaso las claras y la sal. Monte **4 min/vel 3.5**. **Retire la mariposa** y vierta las claras montadas en un bol. Reserve.
3. Ponga en el vaso la mantequilla y el azúcar y bata **3 min/vel 3**.
4. Con la espátula, baje la crema de mantequilla hacia el fondo del vaso. Agregue las yemas y mezcle **30 seg/vel 3**.
5. Añada la harina y la levadura química y mezcle **30 seg/vel 3**.
6. Con la espátula, baje la masa hacia el fondo del vaso, incorpore la mitad de las claras montadas y mezcle **15 seg/vel 3.5**.
7. Añada el resto de las claras montadas y mezcle **15 seg/vel 3.5**. Vierta la mezcla en el molde de *cake* preparado.
8. Hornee durante 50 minutos (180ºC). Retire del horno, deje enfriar el bizcocho dentro del molde 10 minutos, desmolde y deje enfriar totalmente sobre una rejilla (aprox. 20 minutos). Corte en porciones o conserve en una caja o lata con tapa.

SUGERENCIA

- Puede servirlo espolvoreado con azúcar glas.

20 min | 1 h 40 min | baja | 10 | 10 raciones

Por ración:
Energía 1.365 kJ / 327 kcal
Proteínas 5 g / Hidratos 34 g / Grasa 19 g
Colesterol 116 mg / Fibra <1 g

SOLETILLAS (BIZCOCHO VICTORIA)

INGREDIENTES
6 claras de huevo
1 pellizco de sal
6 yemas de huevo
150 g de azúcar
180 g de harina de repostería
1 cucharada de azúcar vainillado
2 cucharadas de azúcar glas para espolvorear

ACCESORIOS ÚTILES
2 bandejas de horno
papel de hornear
manga pastelera con boquilla lisa de 1 cm

PREPARACIÓN
1. Precaliente el horno a 180°C. Forre 2 bandejas de horno con papel de hornear y reserve.
2. **Coloque la mariposa** en las cuchillas, ponga en el vaso las claras y la sal y monte **7 min/vel 3.5**. Retire el cubilete, monte **1 min 30 seg/vel 3.5** y añada por la abertura las yemas una a una en intervalos de 15 segundos.
3. Ponga un bol sobre la tapa del vaso y pese el azúcar y la harina. Añada al bol 1 cucharada de azúcar vainillado y mezcle bien con una cuchara.
4. Añada al vaso la mezcla de azúcares y harina y mezcle **4 seg/vel 4**. Termine de mezclar suavemente con la espátula y vierta en una manga pastelera con boquilla lisa de Ø 1 cm.
5. Forme bastones de 10 cm de largo sobre las bandejas preparadas dejando separación entre ellos, ya que se extienden durante la cocción (aprox. 18 bastones por bandeja). Espolvoree la superficie con azúcar glas.
6. Hornee por tandas durante 8 minutos (180°C) o hasta que estén dorados. Deje enfriar y sirva o conserve en un recipiente con tapa.

SUGERENCIAS
- Se mantienen bien durante aprox. 15 días.
- Sirven para base de postres, tartas, brazo de gitano, pasteles, etc.

20 min | 35 min | baja | 36 36 unidades

Por unidad:
Energía 213 kJ / 51 kcal
Proteínas 2 g / Hidratos 9 g / Grasa 1 g
Colesterol 37 mg / Fibra <1 g

BIZCOCHO DE ZANAHORIA Y ALMENDRA

INGREDIENTES

1 cucharadita de mantequilla (para engrasar el molde)
200 g de azúcar
6 - 8 tiras de piel de limón (solo la parte amarilla)
300 g de zanahoria pelada y en trozos
4 huevos
80 g de harina de repostería (y un poco más para espolvorear el molde)
1 sobre de levadura química en polvo (15 g)
1 pellizco de sal
300 g de almendra molida

ACCESORIOS ÚTILES

molde rectangular
rejilla

PREPARACIÓN

1. Precaliente el horno a 180°C. Engrase con la mantequilla y enharine un molde de aprox. 28x20 cm.
2. Ponga en el vaso el azúcar y la piel de limón y pulverice **20 seg/vel 10**.
3. Con la espátula, baje los ingredientes hacia el fondo del vaso, añada las zanahorias y trocee **20 seg/vel 5**.
4. Incorpore los huevos y bata **5 seg/vel 7**.
5. Agregue la harina, la levadura, la sal y las almendras molidas y mezcle **6 seg/vel 4**. Termine de mezclar suavemente con la espátula. Vierta la masa en el molde preparado.
6. Hornee durante 40 minutos (180°C). Desmolde sobre una rejilla y deje enfriar (aprox. 30 minutos). Corte en porciones y sirva.

10 min | 1 h 20 min | baja | 8 raciones

Por ración:
Energía 1.750 kJ / 419 kcal
Proteínas 13 g / Hidratos 37 g / Grasa 24 g
Colesterol 122 mg / Fibra 5 g

TORTAS DE ALCÁZAR

INGREDIENTES

60 g de harina de repostería
60 g de maicena
100 g de azúcar
1 cucharadita de azúcar vainillado
4 claras de huevo
1 pellizco de sal
4 yemas de huevo
1 cucharada de azúcar glas para espolvorear

ACCESORIOS ÚTILES

bandeja de horno y papel de hornear

PREPARACIÓN

1. Precaliente el horno a 200°C. Forre la bandeja del horno con papel de hornear y reserve.
2. Ponga en el vaso la harina, la maicena, 50 g de azúcar y el azúcar vainillado. Pulverice **10 seg/vel 8**. Retire del vaso y reserve.
3. **Coloque la mariposa** en las cuchillas y ponga las claras de huevo y la sal. Monte **2 min/vel 3.5**.
4. Retire el cubilete, monte **2 min/vel 3.5** y vaya añadiendo 50 g de azúcar a cucharadas por la abertura.
5. Vuelva a montar durante **1 min/vel 3.5** y añada las yemas una a una por la abertura (aprox. cada 15 segundos).
6. Añada 110 g de la mezcla de harina y azúcar y mezcle **2 seg/vel 3**.
7. Añada el resto de la mezcla de harina y azúcar y vuelva a mezclar **2 seg/vel 3**. **Retire la mariposa** y termine de mezclar con la espátula.
8. Ponga 2 cucharadas de la masa del vaso en la bandeja (se formara un disco de masa) y repita hasta hacer 6 discos. Espolvoree cada disco con azúcar glas.
9. Hornee 9-10 minutos (200°C). Retire del horno, deje enfriar sobre el papel y repita el proceso con la masa restante.
10. Deje enfriar y sirva o conserve en un recipiente con tapa.

20 min

40 min

baja

12

12 unidades

Por unidad:
Energía 424 kJ / 101 kcal
Proteínas 4 g / Hidratos 17 g / Grasa 2 g
Colesterol 73 mg / Fibra <1 g

BIZCOCHO DE PIÑA

INGREDIENTES

1 cucharadita de mantequilla (para engrasar el molde)
250 g de azúcar
2 huevos
250 g de rodajas de piña en su jugo (reserve 50 g de jugo)
1 yogur natural o yogur de piña
100 g de aceite de girasol
250 g de harina de repostería
1 sobre de levadura química en polvo (15 g)
1 pellizco de sal
2 cucharadas de azúcar glas para espolvorear

ACCESORIOS ÚTILES

molde de corona
rejilla

PREPARACIÓN

1. Precaliente el horno a 180°C. Unte con la mantequilla un molde de corona.
2. Ponga en el vaso el azúcar, los huevos, la piña y 50 g del jugo de piña. Triture **1 min/50°C/vel 4**.
3. Añada el yogur y el aceite y mezcle **10 seg/vel 4**.
4. Incorpore la harina, la levadura y la sal y mezcle **6 seg/vel 4**. Termine de mezclar con la espátula y vierta en el molde preparado.
5. Hornee durante 35-40 minutos (180°C). Retire del horno y deje templar antes de desmoldar sobre una rejilla. Espolvoree con el azúcar glas y sirva.

INFORMACIÓN

- Receta facilitada por Jennifer Hopkins.

10 min
50 min
baja
10 raciones

Por ración:
Energía 1.341 kJ / 321 kcal
Proteínas 5 g / Hidratos 49 g / Grasa 12 g
Colesterol 50 mg / Fibra 1 g

BROWNIE MARMOLADO

INGREDIENTES

Mezcla de chocolate blanco

75 g de azúcar
2 huevos
100 g de mantequilla a temperatura ambiente (en trozos)
150 g de chocolate blanco en trozos
80 g de harina de repostería
1 cucharadita de levadura química en polvo

Mezcla de chocolate negro

100 g de mantequilla a temperatura ambiente (en trozos)
100 g de azúcar
50 g de harina de repostería
3 huevos
250 g de chocolate *fondant* (mín. 50% de cacao) en trozos

ACCESORIOS ÚTILES

papel de hornear
molde rectangular
rejilla

PREPARACIÓN

1. Precaliente el horno a 180°C. Forre un molde rectangular (aprox. 25x35 cm) con papel de hornear y reserve.

Mezcla de chocolate blanco

2. Ponga en el vaso el azúcar y los huevos y bata **5 min/37°C/vel 4**. Retire a un bol y reserve.
3. Ponga en el vaso la mantequilla y el chocolate blanco y caliente **3 min/50°C/vel 2**.
4. Añada la mezcla de huevos y azúcar, la harina y la levadura. Mezcle **10 seg/vel 3**. Termine de mezclar con la espátula, vierta la mezcla en un bol y reserve.

Mezcla de chocolate negro

5. Ponga en el vaso la mantequilla, el azúcar, la harina, los huevos y el chocolate *fondant*. Triture **30 seg/vel 5**. Vaya poniendo cucharadas intercaladas de las dos mezclas en el molde preparado. Dele unos golpes al molde para distribuir bien la masa.

Horneado

6. Hornee durante 25 minutos (180°C). Retire del horno, deje templar y desmolde sobre una rejilla. Corte en porciones y sirva templado o frío.

15 min | 40 min | baja | 24 raciones

Por ración:
Energía 867 kJ / 270 kcal
Proteínas 3 g / Hidratos 17 g / Grasa 14 g
Colesterol 72 mg / Fibra 1 g

BUNDT CAKE DE ESPECIAS

INGREDIENTES

1 cucharadita de mantequilla para untar el molde
200 g de harina de repostería
50 g de maicena
½ sobre de levadura química en polvo (1,5 cucharaditas)
½ cucharadita de sal
½ cucharadita de canela molida
½ cucharadita de jengibre en polvo
1 cucharadita de azúcar vainillado
300 g de nata (35% de grasa)
4 huevos
200 g de azúcar
1 cucharada de azúcar glas para espolvorear (opcional)

ACCESORIOS ÚTILES

molde de 1½ litros de capacidad
rejilla

PREPARACIÓN

1. Precaliente el horno a 180°C. Unte con la mantequilla un molde de *bundt cake* de 1½ litros de capacidad.
2. Ponga en el vaso la harina, la maicena, la levadura, la sal, la canela, el jengibre y el azúcar vainillado. Mezcle **4 seg/vel 6**. Vierta en un bol y reserve.
3. **Coloque la mariposa** en las cuchillas. Ponga la nata en el vaso y monte a **vel 3** (sin programar tiempo) hasta que esté montada. **Retire la mariposa**. Vierta en un bol y reserve.
4. **Coloque la mariposa** en las cuchillas. Ponga los huevos y el azúcar y bata **5 min/37°C/vel 3.5**. Después, bata **5 min/vel 3.5** sin temperatura.
5. Retire el cubilete. Mezcle **1 min 30 seg/vel 2.5** y vaya añadiendo, poco a poco, la mezcla de harina reservada por la abertura.
6. Añada la nata reservada y mezcle **10 seg/vel 2**. **Retire la mariposa** y termine de mezclar con la espátula. Vierta la mezcla en el molde reservado.
7. Hornee durante 40-45 minutos (180°C). Retire del horno y deje reposar dentro del molde durante 10 minutos antes de desmoldar sobre una rejilla. Deje enfriar y espolvoree con el azúcar glas. Corte en porciones y sirva.

20 min | 2 h | baja | 10 raciones

Por ración:
Energía 1.267 kJ / 303 kcal
Proteínas 6 g / Hidratos 40 g / Grasa 13 g
Colesterol 115 mg / Fibra <1 g

BROWNIES DE CHOCOLATE BLANCO Y PISTACHOS

INGREDIENTES

75 g de azúcar
2 huevos
100 g de mantequilla (a temperatura ambiente)
150 g de chocolate blanco en trozos
80 g de harina de repostería
1 cucharadita de levadura química en polvo
50 g de pistachos pelados (sin sal) picados gruesos

ACCESORIOS ÚTILES

papel de hornear
molde cuadrado (aprox. 20 cm)
rejilla

PREPARACIÓN

1. Precaliente el horno a 180°C. Cruce 2 tiras de papel de hornear en un molde de 20x20 cm para forrarlo y reserve.
2. Ponga en el vaso el azúcar y los huevos y bata **5 min/37°C/vel 4**. Retire del vaso y reserve en un bol.
3. Ponga en el vaso la mantequilla y el chocolate blanco y funda **5 min/50°C/vel 1**.
4. Añada la mezcla de huevos y azúcar reservada, la harina y la levadura. Mezcle **10 seg/vel 3**.
5. Incorpore los pistachos, termine de mezclar con la espátula y vierta la mezcla en el molde preparado.
6. Hornee durante 20 minutos (180°C). Retire del horno, deje templar y desmolde sobre una rejilla. Una vez frío, corte en 16 cuadrados de 5x5 cm y sirva.

15 min | 35 min | baja | 16 raciones

Por ración:
Energía 693 kJ / 166 kcal
Proteínas 3 g / Hidratos 14 g / Grasa 11 g
Colesterol 47 mg / Fibra <1 g

CAKE DE NARANJA CONFITADA Y ALMENDRA

INGREDIENTES

80 g de almendra molida
220 g de azúcar
8 tiras de piel de limón (solo la parte amarilla)
200 g de mantequilla a temperatura ambiente (y un poco más para untar el molde)
5 huevos
50 g de licor de naranja (p. ej. Grand Marnier®)
200 g de harina de repostería
1 cucharadita de levadura química en polvo
1 pellizco de sal
150 g de naranja confitada (en trozos muy pequeños)

ACCESORIOS ÚTILES

molde de *cake* de 1½ litros
rejilla

PREPARACIÓN

1. Precaliente el horno a 180°C. Unte con mantequilla un molde de *cake* de 1½ litros de capacidad y reserve.
2. Ponga en el vaso la almendra molida, 80 g de azúcar y la piel de limón y pulverice **10 seg/vel 10**.
3. Con la espátula, baje los ingredientes hacia el fondo del vaso y pulverice de nuevo **10 seg/vel 10**.
4. Añada 140 g de azúcar y la mantequilla y mezcle **20 seg/vel 4**. Retire el cubilete, programe **2 min 30 seg/vel 3.5** y vaya incorporando cada 20 segundos un huevo por la abertura.
5. Añada el licor de naranja y mezcle **10 seg/vel 3.5**.
6. Incorpore la harina, la levadura y la sal y mezcle **4 seg/vel 5**.
7. Agregue la naranja confitada y mezcle bien con la espátula. Vierta la masa en el molde preparado y golpee suavemente la base del molde sobre la superficie de trabajo para distribuir bien la masa.
8. Hornee durante 40-50 minutos (180°C). Retire del horno y deje templar. Desmolde y deje enfriar sobre una rejilla (aprox. 2 horas). Corte en porciones y sirva.

SUGERENCIAS

- Sabrá que el *cake* está horneado si al introducir una aguja en el centro, esta sale seca.
- Puede decorar con rodajas de naranja confitada.

10 min | 3 h | baja | 12 raciones

Por ración:
Energía 1.447 kJ / 346 kcal
Proteínas 6 g / Hidratos 34 g / Grasa 20 g
Colesterol 142 mg / Fibra 2 g

BIZCOCHO AL VAPOR CON ALMÍBAR DE LIMÓN

INGREDIENTES

Bizcocho

2 cucharadas de azúcar moreno
60 g de zumo de limón
15 g de leche
130 g de harina de repostería
2 cucharaditas de levadura química en polvo
4 - 6 tiras de piel de limón
130 g de azúcar
60 g de mantequilla a temperatura ambiente (y un poco más para untar el molde)
2 huevos
800 g de agua

Almíbar de limón

100 g de zumo de limón
50 g de agua
150 g de azúcar

ACCESORIOS ÚTILES

papel de hornear
molde de corona de aluminio
film transparente

PREPARACIÓN

Bizcocho

1. Unte con mantequilla un molde de corona de aluminio de Ø 21 cm y 6 cm de alto o un molde de aluminio desechable de *cake* de 1 litro de capacidad. Forre la base del molde con papel de hornear (vea la sugerencia). Unte también el papel con mantequilla y espolvoree la base y las paredes con el azúcar moreno.
2. Ponga un bol sobre la tapa del vaso y pese el zumo de limón y la leche. Reserve.
3. Ponga otro bol sobre la tapa del vaso y pese la harina. Añada la levadura, mezcle y reserve.
4. Ponga en el vaso la piel de limón y el azúcar y pulverice **10 seg/vel 10**.
5. Con la espátula baje los ingredientes hacia el fondo del vaso y añada la mantequilla y los huevos. Mezcle **30 seg/vel 3**. Retire el cubilete, mezcle **1 min/vel 3** y vaya añadiendo alternadamente la harina y la mezcla de leche y zumo de limón. Termine de mezclar con la espátula y vierta en el molde preparado. Lave el vaso.
6. Ponga el agua en el vaso. Sitúe el recipiente Varoma en su posición con el molde cubierto con film transparente y coloque encima del molde 2-3 hojas de papel de cocina. Tape el Varoma y programe **45 min/Varoma/vel 1**. Retire el molde del Varoma y desmóldelo mientras está caliente. Vacíe el vaso.

Almíbar de limón

7. Ponga en el vaso el zumo de limón, 50 g de agua y el azúcar. Sin poner el cubilete, programe **15 min/120°C/vel 2**. Retire del vaso y deje templar (aprox. 30 minutos). Vierta sobre el bizcocho y sirva.

SUGERENCIA

- Prepare la plantilla para forrar el molde recortando un círculo de Ø 18 cm y recorte en el centro otro círculo de Ø 8 cm.

15 min | 1 h 45 min | baja | 8 raciones

Por ración:
Energía 1.179 kJ / 282 kcal
Proteínas 3 g / Hidratos 49 g / Grasa 8 g
Colesterol 69 mg / Fibra <1 g

CAKE DE PLÁTANO Y NUECES PACANAS

INGREDIENTES

1 plátano maduro
70 g de mantequilla a temperatura ambiente
130 g de azúcar
2 huevos
1 yogur natural
160 g de harina de repostería
1 cucharadita de levadura química en polvo
1 pellizco de sal
20 g de nueces pacanas peladas y troceadas

ACCESORIOS ÚTILES

papel de hornear
molde de *cake* (aprox. 22x8x8 cm)
rejilla

PREPARACIÓN

1. Precaliente el horno a 180°C. Forre un molde de *cake* de 22x8x8 cm con papel de hornear.
2. Ponga en el vaso el plátano, la mantequilla, el azúcar, los huevos y el yogur y mezcle **30 seg/vel 5**.
3. Añada la harina, la levadura, la sal y las nueces pacanas y mezcle **4 seg/↺/vel 4**. Termine de mezclar con la espátula y vierta la mezcla en el molde preparado.
4. Hornee durante 40 minutos (180°C) o hasta que esté dorado. Retire del horno, deje templar y desmolde sobre una rejilla. Una vez frío, corte en porciones y sirva.

10 min · 50 min · baja · 10 · 10 raciones

Por ración:
Energía 858 kJ / 205 kcal
Proteínas 4 g / Hidratos 27 g / Grasa 9 g
Colesterol 67 mg / Fibra <1 g

BIZCOCHO AL VAPOR CON MERMELADA DE FRAMBUESA

INGREDIENTES

200 g de mermelada de frambuesa
2 huevos
200 g de azúcar
60 g de mantequilla a temperatura ambiente (y un poco más para untar el molde)
200 g de leche
1 cucharadita de vainilla líquida
200 g de harina de repostería
2 cucharaditas de levadura química en polvo
800 g de agua

ACCESORIOS ÚTILES

molde de corona de aluminio
film transparente
papel de cocina

PREPARACIÓN

1. Unte con mantequilla un molde de corona de aluminio de Ø 21 cm y 6 cm de alto o un molde de aluminio desechable de Ø 18 cm y mínimo 5 cm de altura y cubra el fondo y las paredes con la mermelada. Reserve.
2. Ponga en el vaso los huevos, el azúcar y la mantequilla. Mezcle **30 seg/vel 4**.
3. Añada la leche y la vainilla y mezcle **10 seg/vel 3**.
4. Incorpore la harina y la levadura y mezcle **10 seg/vel 3**. Termine de mezclar con la espátula. Vierta la mezcla en el molde preparado y dele unos golpes sobre la encimera para distribuir la masa. Cubra con film transparente y reserve. Lave el vaso.
5. Ponga en el vaso el agua. Sitúe el recipiente Varoma en su posición con el molde, coloque encima del molde 2-3 hojas de papel de cocina, tape el Varoma y programe **50 min/Varoma/vel** ⟲. Retire el molde del Varoma y desmóldelo mientras está caliente. Deje templar, corte en porciones y sirva.

SUGERENCIA

- Puede acompañar con nata montada.

Paso 1

10 min | 1 h | baja | 8 raciones

Por ración:
Energía 1.443 kJ / 345 kcal
Proteínas 5 g / Hidratos 61 g / Grasa 9 g
Colesterol 72 mg / Fibra 1 g

BIZCOCHO DE AVELLANAS

INGREDIENTES

1 cucharadita de mantequilla (para engrasar el molde)
200 g de avellanas crudas peladas
75 g de galletas
6 huevos
1 pellizco de sal
1 cucharadita de vainilla líquida
200 g de azúcar
1 sobre de levadura química en polvo (15 g)
50 g de ron
40 g de aceite de girasol
1 cucharada de azúcar glas

ACCESORIOS ÚTILES

molde desmontable (Ø 24 cm)

PREPARACIÓN

1. Precaliente el horno a 180°C. Engrase con la mantequilla un molde desmontable de Ø 24 cm.
2. Ponga en el vaso las avellanas y las galletas y triture **30 seg/vel 10**.
3. Con la espátula, baje la trituración hacia el fondo del vaso, añada los huevos y mezcle **15 seg/vel 4**.
4. Incorpore la sal, la vainilla, el azúcar y la levadura. Mezcle **15 seg/vel 4**.
5. Agregue el ron y el aceite de girasol y mezcle **20 seg/vel 5**. Vierta la preparación en el molde preparado.
6. Hornee durante 50 minutos (180°C). Retire del horno, deje templar y desmolde. Sirva espolvoreado con el azúcar glas.

10 min | 1 h | baja | 8 | 8 raciones

Por ración:
Energía 1.757 kJ / 420 kcal
Proteínas 9 g / Hidratos 34 g / Grasa 27 g
Colesterol 167 mg / Fibra 2 g

MUFFINS Y CUPCAKES

Una fuente de inspiración para adentrarse en el amplio mundo de los *muffins* y *cupcakes*, con diferentes sabores y *frostings*.

MINIMUFFINS CON PISTACHOS Y ARÁNDANOS

INGREDIENTES

3 claras de huevo
1 pellizco de sal
80 g de azúcar moreno
60 g de pistachos pelados, sin sal (y 2 cucharadas más para decorar)
50 g de almendra molida
50 g de mantequilla (y un poco más para untar el molde)
30 g de maicena
1 cucharadita de levadura química en polvo
100 g de arándanos

ACCESORIOS ÚTILES

molde de *minimuffins*

PREPARACIÓN

1. **Coloque la mariposa** en las cuchillas, ponga en el vaso 2 claras de huevo y la sal y monte **5 min/vel 3.5**. **Retire la mariposa** y reserve las claras montadas en un bol. Lave y seque el vaso.
2. Ponga en el vaso el azúcar moreno y los pistachos y pulverice **10 seg/vel 10**.
3. Añada 1 clara de huevo, la almendra molida, la mantequilla, la maicena y la levadura química. Mezcle **30 seg/vel 5**. Incorpore esta mezcla a las claras montadas y mezcle delicadamente con la espátula, con movimientos envolventes.
4. Añada al bol los arándanos y mezcle de nuevo. Reparta la mezcla en 20 moldes de *minimuffins* previamente untados con mantequilla (hasta aprox. 1 cm del borde). Espolvoree con 2 cucharadas de pistachos y reserve en el frigorífico durante aprox. 20 minutos.
5. Precaliente el horno a 180°C.
6. Hornee durante 20 minutos (180°C). Deje enfriar y sirva.

VARIANTE

- Puede preparar otras combinaciones de sabores: avellana/pera, almendra/cerezas, coco/piña, etc.

15 min | 55 min | baja | 20 unidades

Por unidad:
Energía 330 kJ / 79 kcal
Proteínas 2 g / Hidratos 6 g / Grasa 5 g
Colesterol 6 mg / Fibra <1 g

MUFFINS DE CHOCOLATE CON CORAZÓN DE FRAMBUESA

INGREDIENTES

100 g de chocolate *fondant* (mín. 50% de cacao) en trozos
110 g de mantequilla en trozos
4 huevos
150 g de azúcar glas
60 g de harina de repostería
10 g de cacao puro en polvo
100 g de frambuesas frescas o congeladas

ACCESORIOS ÚTILES

12 cápsulas de papel
molde de 12 *muffins*

PREPARACIÓN

1. Precaliente el horno a 200°C. Coloque 12 cápsulas de papel en un molde de *muffins* y reserve.
2. Ponga el chocolate en el vaso y ralle **10 seg/vel 10**.
3. Con la espátula, baje el chocolate hacia el fondo del vaso. Añada la mantequilla y caliente **4 min/50°C/vel 1**.
4. Agregue los huevos y el azúcar glas y mezcle **1 min/vel 4**.
5. Incorpore la harina y el cacao puro y mezcle **30 seg/vel 4**. Rellene las cápsulas preparadas hasta la mitad, ponga en cada una 2 frambuesas y termine de rellenar las cápsulas con el resto de la masa.
6. Hornee durante 20 minutos (200°C) y deje enfriar (aprox. 40 minutos). Decore con el resto de frambuesas y sirva.

SUGERENCIA

- Puede tomarlos calientes con el interior líquido acompañados con helado. En este caso, hornee solamente durante 12 minutos.

15 min | 1 h 15 min | baja | 12 unidades

Por unidad:
Energía 878 kJ / 210 kcal
Proteínas 3 g / Hidratos 22 g / Grasa 12 g
Colesterol 90 mg / Fibra 1 g

MUFFINS DE MAÍZ

INGREDIENTES

160 g de polenta
140 g de harina de repostería
60 g de azúcar
50 g de miel
2 cucharaditas rasas de levadura química en polvo
1 cucharadita de sal
1 huevo
250 g de leche
60 g de aceite de girasol (y un poco más para pincelar)

ACCESORIOS ÚTILES

pincel de repostería
molde de 12 *muffins*
manga pastelera
rejilla

PREPARACIÓN

1. Precaliente el horno a 200°C. Pincele con aceite un molde de 12 *muffins* y reserve.
2. Ponga en el vaso la polenta, la harina, el azúcar, la miel, la levadura química y la sal y mezcle **4 seg/vel 4**. Retire del vaso y reserve.
3. Ponga en el vaso el huevo, la leche y el aceite y mezcle **5 seg/vel 3**.
4. Incorpore la mezcla de harinas y azúcar reservada y mezcle **6 seg/vel 4**. Termine de mezclar con la espátula y vierta la masa en una manga pastelera. Rellene los huecos del molde preparado hasta las ¾ partes.
5. Hornee durante 13-15 minutos (200°C). Deje templar los *muffins* dentro del molde durante 5 minutos. Después, sáquelos del molde y déjelos enfriar sobre una rejilla. Sirva o conserve en un recipiente hermético.

10 min | 45 min | baja | 12 unidades

Por unidad:
Energía 728 kJ / 174 kcal
Proteínas 3 g / Hidratos 23 g / Grasa 7 g
Colesterol 23 mg / Fibra 2 g

REBOJOS ZAMORANOS

INGREDIENTES
5 huevos
250 g de azúcar (y un poco más para espolvorear)
250 g de harina de repostería
½ sobre de levadura química en polvo

ACCESORIOS ÚTILES
cápsulas alargadas de papel (aprox. 10 cm)
bandeja de horno

PREPARACIÓN
1. Precaliente el horno a 200ºC.
2. **Coloque la mariposa** en las cuchillas, ponga en el vaso los huevos y el azúcar y bata **4 min/vel 4**.
3. Añada la harina y la levadura y mezcle **10 seg/vel 3**. Rellene 24 cápsulas de magdalena alargadas (aprox. 10 cm) hasta las ¾ partes y deje reposar durante 10 minutos.
4. Coloque 12 unidades en una bandeja de horno y espolvoree con azúcar. Baje la temperatura del horno a 180ºC y hornee durante 15-17 minutos. Retire del horno y hornee la siguiente tanda. Deje enfriar y sirva o conserve en un recipiente hermético.

SUGERENCIA
- Si los prepara en moldes metálicos para rebojos (son como de tartaleta pero ovalados), engráselos previamente con aceite.

INFORMACIÓN
- Receta facilitada por Adoración Cambre.

10 min | 50 min | baja | 24 unidades

Por unidad:
Energía 397 kJ / 95 kcal
Proteínas 2 g / Hidratos 18 g / Grasa 2 g
Colesterol 42 mg / Fibra <1 g

MUFFINS DE CERVEZA NEGRA

INGREDIENTES

2 cucharadas de pan rallado (para espolvorear los moldes)
400 g de harina de repostería
250 g de azúcar
100 g de mantequilla a temperatura ambiente (y un poco más para los moldes)
1 cucharadita de canela molida
½ cucharadita de clavo molido
1 cucharadita de bicarbonato
1 cucharadita de levadura química en polvo
2 huevos
250 g de cerveza negra
1 cucharada de azúcar glas para espolvorear

ACCESORIOS ÚTILES

moldes de *muffins*

PREPARACIÓN

1. Precaliente el horno a 180ºC. Unte con mantequilla 12 moldes de *muffins* o de flan (de Ø 8 cm o de 200 ml) y espolvoréelos con el pan rallado.
2. Ponga en el vaso la harina, el azúcar, la mantequilla, la canela, el clavo, el bicarbonato, la levadura, los huevos y la cerveza negra y mezcle **40 seg/vel 4**. Vierta la mezcla en los moldes preparados.
3. Hornee durante 20-25 minutos (180°C). Retire del horno, deje enfriar y espolvoree con el azúcar glas. Sirva o conserve en un recipiente hermético.

5 min | 30 min | baja | 12 unidades

Por unidad:
Energía 1.226 kJ / 293 kcal
Proteínas 5 g / Hidratos 48 g / Grasa 8 g
Colesterol 54 mg / Fibra 1 g

MUFFINS DE PLÁTANO

INGREDIENTES

Cobertura

40 g de azúcar moreno
15 g de harina de repostería
1 pellizco de canela molida
15 g de mantequilla fría, en trozos

Muffins

200 g de harina de repostería
½ cucharadita de sal
1 cucharadita de bicarbonato
1 cucharadita de levadura química en polvo
3 plátanos maduros
150 g de azúcar
1 huevo
75 g de mantequilla a temperatura ambiente

ACCESORIOS ÚTILES

manga pastelera
molde para 12 *muffins*
12 cápsulas de papel

PREPARACIÓN

Cobertura

1. Ponga en el vaso todos los ingredientes de la cobertura y triture **10 seg/vel 5**. Retire a un bol y reserve en el frigorífico.

Muffins

2. Ponga en el vaso la harina, la sal, el bicarbonato y la levadura y mezcle **10 seg/vel 7**. Retire del vaso y reserve.
3. Ponga en el vaso los plátanos y el azúcar y triture **30 seg/vel 7**.
4. Añada el huevo y la mantequilla y mezcle **15 seg/vel 5**.
5. Incorpore la mezcla de harina reservada y mezcle **10 seg/vel 4**. Termine de mezclar con la espátula. Vierta la mezcla en una manga pastelera y reserve en el frigorífico durante 30 minutos.
6. Precaliente el horno a 180°C. Coloque 12 cápsulas de papel en los huecos de un molde para 12 *muffins* y reserve.
7. Rellene con la masa las cápsulas de papel hasta las ¾ partes y distribuya encima la cobertura reservada.
8. Hornee durante 15 minutos (180°C). Deje enfriar y sirva o conserve en un recipiente con tapa.

15 min | 1 h | baja | 12 unidades

Por unidad:
Energía 863 kJ / 206 kcal
Proteínas 3 g / Hidratos 33 g / Grasa 7 g
Colesterol 37 mg / Fibra 1 g

CUPCAKES DE VAINILLA

INGREDIENTES

Masa

200 g de harina de repostería
1½ cucharaditas de levadura química en polvo
1 pellizco de sal
110 g de mantequilla (a temperatura ambiente) en trozos
130 g de azúcar
3 huevos
70 g de leche
2 cucharaditas de vainilla líquida

Crema de mantequilla

100 g de azúcar
250 g de mantequilla (a temperatura ambiente) en trozos
85 g de leche a temperatura ambiente
2 cucharaditas de vainilla líquida

ACCESORIOS ÚTILES

12 cápsulas de papel
manga pastelera
manga pastelera con boquilla rizada

PREPARACIÓN

Masa

1. Precaliente el horno a 180°C.
2. Ponga en el vaso la harina, la levadura y la sal y mezcle **15 seg/vel 7**. Retire del vaso y reserve.
3. Ponga en el vaso la mantequilla y el azúcar y mezcle **30 seg/vel 3**. Retire el cubilete, mezcle **1 min/vel 3** y añada los huevos, uno a uno, por la abertura.
4. Incorpore la leche y la vainilla, programe **vel 3** sin programar tiempo y vaya añadiendo la harina reservada por la abertura. Vierta la masa en una manga pastelera y rellene 12 cápsulas de papel.
5. Hornee durante 20 minutos (180ºC). Retire del horno y deje enfriar (aprox. 30 minutos). Lave y seque el vaso.

Crema de mantequilla

6. Ponga en el vaso el azúcar y pulverice **30 seg/vel 10**.
7. **Coloque la mariposa** en las cuchillas y añada la mantequilla, la leche y la vainilla. Bata **2 min/vel 3**. Retire del vaso a una manga pastelera con boquilla rizada.
8. Decore los *cupcakes* con la crema de mantequilla y sirva.

SUGERENCIA

- Puede teñir la crema de mantequilla de diferentes colores. Una vez hecha la crema, distribúyala en dos o tres recipientes, añada los colorantes alimentarios y mezcle.

10 min | 1 h | media | 12 unidades

Por unidad:
Energía 1.631 kJ / 390 kcal
Proteínas 4 g / Hidratos 32 g / Grasa 27 g
Colesterol 137 mg / Fibra <1 g

CUPCAKES DE CHOCOLATE Y CACAHUETE

INGREDIENTES

Masa

200 g de claras de huevo
200 g de cacahuetes tostados salados
20 g de cacao puro en polvo
200 g de azúcar glas
200 g de mantequilla fundida

Frosting

50 g de azúcar glas
300 g de crema de cacao y avellanas (p. ej. Nocilla®)
100 g de mantequilla a temperatura ambiente
1 pellizco de sal
10 g de cacahuetes tostados salados, troceados

ACCESORIOS ÚTILES

molde para 12 *muffins*
12 cápsulas de papel
manga pastelera con boquilla rizada

PREPARACIÓN

Masa

1. Precaliente el horno a 200°C. Coloque 12 cápsulas de papel en una bandeja de *muffins* y reserve.
2. **Coloque la mariposa** en las cuchillas. Ponga en el vaso las claras de huevo y monte **4 min/vel 3.5**. **Retire la mariposa** y vierta las claras en un bol. Lave y seque el vaso, la mariposa y la tapa.
3. Ponga en el vaso los cacahuetes, el cacao y el azúcar glas. Pulverice **20 seg/vel 10**.
4. Con la espátula, baje los ingredientes hacia el fondo del vaso. **Coloque la mariposa** en las cuchillas y añada las claras montadas reservadas. Sin poner el cubilete, programe **1 min/vel 3** y vierta la mantequilla fundida poco a poco por la abertura. Distribuya la masa en las cápsulas reservadas.
5. Hornee durante 20-25 minutos (200°C). Lave el vaso. Retire del horno y deje que se enfríen.

Frosting

6. Ponga en el vaso el azúcar glas, la crema de cacao, la mantequilla y la sal y mezcle **30 seg/vel 4**. Vierta la mezcla en una manga pastelera con boquilla rizada. Reserve en el frigorífico.
7. Cuando los *muffins* estén fríos, decórelos con el *frosting*, espolvoree con los cacahuetes y sirva.

15 min | 50 min | baja | 12 unidades

Por unidad:
Energía 2.176 kJ / 521 kcal
Proteínas 8 g / Hidratos 38 g / Grasa 38 g
Colesterol 64 mg / Fibra 2 g

RED VELVET CUPCAKES

INGREDIENTES

Masa

160 g de harina de repostería
60 g de maicena
½ cucharadita de bicarbonato
2 cucharaditas de cacao puro en polvo
¼ cucharadita de sal
120 g de leche a temperatura ambiente
1 cucharadita de zumo de limón
2 claras de huevo
60 g de mantequilla a temperatura ambiente
200 g de azúcar
100 g de aceite de girasol
2 yemas de huevo
2 cucharaditas de vainilla líquida
2 cucharaditas de colorante alimentario (rojo Navidad)
¼ cucharadita de vinagre

***Frosting* de queso**

150 g de queso cremoso (p. ej. Philadelphia®)
60 g de mantequilla a temperatura ambiente
250 g de azúcar glas

ACCESORIOS ÚTILES

molde de 12 *muffins*
12 cápsulas de papel
manga pastelera
manga pastelera con boquilla

PREPARACIÓN

Masa

1. Precaliente el horno a 180°C. Coloque 12 cápsulas de papel en un molde de 12 *muffins* y reserve.
2. Ponga en el vaso la harina, la maicena, el bicarbonato, el cacao puro y la sal. Mezcle **30 seg/vel 5**. Retire del vaso y reserve.
3. Ponga un bol sobre la tapa del vaso y vierta dentro la leche. Añada el zumo de limón, mezcle con una cuchara y reserve.
4. **Coloque la mariposa** en las cuchillas, ponga las claras de huevo y monte **1 min/vel 3**. Retire del vaso y reserve.
5. Ponga en el vaso la mantequilla y el azúcar y bata **30 seg/vel 3**.
6. Añada el aceite, las yemas, la vainilla, el colorante y el vinagre. Mezcle **30 seg/vel 3**.
7. Con la espátula, baje los ingredientes hacia el fondo del vaso y mezcle de nuevo **30 seg/vel 3**.
8. Añada 120 g de la mezcla de harina y mezcle **30 seg/vel 3**.
9. Incorpore la mezcla de leche y limón y mezcle **30 seg/vel 3**.
10. Vierta el resto de la mezcla de harina y vuelva a mezclar **30 seg/vel 3**.
11. Añada las claras montadas reservadas y mezcle **15 seg/vel 3**. **Retire la mariposa** y termine de mezclar con la espátula. Vierta la masa en una manga pastelera y rellene las cápsulas preparadas.
12. Hornee 20-25 minutos (180°C). Retire del horno y deje enfriar. Lave el vaso.

***Frosting* de queso**

13. Ponga en el vaso todos los ingredientes y mezcle **15 seg/vel 3**.
14. Con la espátula, baje los ingredientes hacia el fondo del vaso y vuelva a mezclar **15 seg/vel 3**. Vierta la mezcla en una manga pastelera con boquilla lisa o rizada y decore los *cupcakes*. Reserve en el frigorífico hasta el momento de servir.

20 min | 1 h | baja | 12 unidades

Por unidad:
Energía 1.802 kJ / 431 kcal
Proteínas 7 g / Hidratos 52 g / Grasa 22 g
Colesterol 74 mg / Fibra <1 g

SUGERENCIAS

- Puede decorar con grajeas de colores, purpurina comestible, etc.
- Puede preparar las elaboraciones con 1-2 días de antelación y reservar por separado el *frosting* en el frigorífico y los *muffins* en un recipiente hermético. Decórelos antes ser servir.
- Puede congelar los *cupcakes* una vez terminados, o congele los *muffins* y el *frosting* por separado.

GALLETAS Y PASTAS

Amplio surtido de galletas y pastas, tanto para merendar como para desayunar. Será difícil no picar entre horas...

VALLOBINAS

INGREDIENTES

150 g de azúcar
4 - 5 tiras de piel de naranja (solo la parte naranja)
150 g de almendras crudas sin piel
1 huevo
40 g de nata (35% de grasa)
250 g de chocolate *fondant* (mín. 50% de cacao) en trozos

ACCESORIOS ÚTILES

bandeja de horno y papel de hornear
rejilla
pincel de repostería

PREPARACIÓN

1. Precaliente el horno a 180°C. Forre 3 bandejas de horno con papel de hornear y reserve.
2. Ponga en el vaso el azúcar y la piel de naranja y pulverice **30 seg/vel 10**. Retire del vaso y reserve.
3. Ponga en el vaso las almendras y trocee **6 seg/vel 5**.
4. Añada el azúcar aromatizado reservado, el huevo y la nata y mezcle **10 seg/vel 3**. Con 2 cucharillas, haga en cada bandeja 12 montoncitos de masa del tamaño de una nuez. Deje suficiente espacio entre ellos y, con el dorso de una cuchara, extiéndalos formando círculos de Ø 7 cm.
5. Hornee cada tanda durante 8 minutos (180°C) o hasta que las galletas estén doradas. Retire del horno y deje enfriar. Lave y seque perfectamente el vaso y la tapa.
6. Ponga en el vaso el chocolate y ralle **10 seg/vel 7**. Retire a un bol y reserve.
7. Ponga en el vaso 180 g del chocolate rallado y funda **3 min/50°C/vel 2**.
8. Añada el chocolate rallado restante y mezcle **2 min/vel 2**. Pincele las pastas con el chocolate fundido por su lado liso, colóquelas sobre una rejilla con la cara pintada de chocolate hacia arriba y deje que solidifique. Sirva o reserve en un recipiente hermético en un lugar fresco.

INFORMACIÓN

- Receta facilitada por Mª Dolores Fernández Rodríguez.

30 min | 55 min | media | 36 unidades

Por unidad:
Energía 349 kJ / 83 kcal
Proteínas 2 g / Hidratos 8 g / Grasa 5 g
Colesterol 8 mg / Fibra 1 g

TEJAS DE ALMENDRA

INGREDIENTES
25 g de mantequilla a temperatura ambiente
80 g de azúcar
15 g de harina de repostería
90 g de almendras laminadas
2 claras de huevo

ACCESORIOS ÚTILES
bandeja de horno y papel de hornear

PREPARACIÓN
1. **Coloque la mariposa** en las cuchillas. Ponga en el vaso la mantequilla y funda **1 min/50°C/vel 1**.
2. Añada el azúcar, la harina, las almendras y las claras. Mezcle **15 seg/vel 2**. Vierta en un recipiente hermético y deje reposar 12 horas en el frigorífico.
3. Precaliente el horno a 180°C. Forre una bandeja con papel de hornear (tenga preparados 3 papeles más de horno).
4. Reparta en la bandeja preparada 6 cucharaditas de la masa. Con el reverso de una cuchara, extiéndala lo más fina posible, procurando que las almendras queden bien repartidas.
5. Hornee durante 7-8 minutos (180°C). Cuando empiecen a dorarse, saque la bandeja del horno y retire las tejas con una espátula. Repita el proceso con los papeles preparados y la masa restante. Sirva o conserve en un recipiente con tapa.

SUGERENCIAS
- Esta masa es conveniente hacerla por la mañana y dejarla reposar hasta la tarde, o hacerla por la noche y que repose hasta el día siguiente.
- Al retirar del horno y mientras está caliente, esta masa es blanda y moldeable. Una vez que se enfría se vuelve crujiente y quebradiza. Para hacer las tejas curvadas, colóquelas mientras están calientes sobre una botella de cristal o un rodillo y deje que enfríen.

20 min | 12 h 50 min | media | 24 unidades

Por unidad:
Energía 196 kJ / 47 kcal
Proteínas 1 g / Hidratos 4 g / Grasa 3 g
Colesterol 3 mg / Fibra <1 g

GALLETAS DE MANTECA Y COCO

INGREDIENTES

400 g de harina de repostería
1 cucharadita de levadura química en polvo
1 pellizco de sal
200 g de azúcar
1 cucharada de azúcar vainillado
30 g de coco rallado
6 - 8 tiras de piel de limón (solo la parte amarilla) rallada
200 g de manteca de cerdo
200 g de leche

ACCESORIOS ÚTILES

2 bandejas de horno
papel de hornear
boquilla semicircular rizada
manga pastelera

PREPARACIÓN

1. Precaliente el horno a 180°C. Forre 2 bandejas de horno con papel de hornear y reserve.
2. Ponga en el vaso todos los ingredientes y mezcle **15 seg/vel 6**. Vierta en una manga pastelera con boquilla semicircular rizada.
3. Sobre las bandejas preparadas, forme las galletas con la manga haciendo bastones de 7-8 cm de largo y unidos de 3 en 3.
4. Hornee por tandas durante 13-15 minutos (180°C) o hasta que estén bien tostadas. Deje enfriar y conserve en una lata o recipiente hermético. Sirva en el desayuno o con el café.

SUGERENCIA

- Puede preparar la receta con la mitad de ingredientes.

10 min | 1 h 10 min | baja | 60 unidades

Por unidad:
Energía 292 kJ / 70 kcal
Proteínas <1 g / Hidratos 8 g / Grasa 4 g
Colesterol 4 mg / Fibra <1 g

PASTAS DE AVELLANAS

INGREDIENTES

130 g de avellanas crudas sin piel
200 g de harina de repostería
100 g de azúcar
150 g de mantequilla a temperatura ambiente
1 huevo batido (para pintar)

ACCESORIOS ÚTILES

film transparente
bandeja de horno y papel de hornear
pincel de repostería

PREPARACIÓN

1. Ponga las avellanas en el vaso y trocee **2 seg/vel 6**.
2. Retire del vaso 2 cucharadas de avellanas troceadas y reserve para decorar. Triture las avellanas del vaso **8 seg/vel 4**.
3. Añada al vaso la harina, el azúcar y la mantequilla y mezcle **20 seg/vel 6**. Retire la masa del vaso y envuélvala con film transparente. Reserve en el frigorífico (aprox. 1 hora).
4. Precaliente el horno a 180°C. Forre una bandeja de horno con papel de hornear y reserve.
5. Divida la masa en 2 partes y con ayuda de film transparente (es una masa pegajosa), forme 2 cilindros de aprox. Ø 4 cm. Deje reposar los cilindros envueltos en film transparente en el congelador durante 10 minutos.
6. Corte con un cuchillo cada cilindro en discos de 1½ cm de ancho (aprox. 15 discos de cada cilindro). Coloque los discos en la bandeja preparada y pincele con el huevo batido. Espolvoree con las avellanas troceadas reservadas.
7. Hornee durante 15 minutos (180°C). Retire del horno y deje enfriar. Sirva o conserve en un recipiente con tapa.

20 min | 1 h 45 min | baja | 30 unidades

Por unidad:
Energía 435 kJ / 104 kcal
Proteínas 2 g / Hidratos 8 g / Grasa 7 g
Colesterol 21 mg / Fibra <1 g

CARQUINYOLIS

INGREDIENTES

50 g de agua
1 huevo
170 g de azúcar
1 pellizco de bicarbonato
250 g de harina de repostería (y un poco más para espolvorear)
½ cucharadita de levadura química en polvo
40 g de bizcochos de soletilla
150 g de almendras crudas sin piel
1 yema de huevo batida (para pintar la masa)

ACCESORIOS ÚTILES

bandeja de horno y papel de hornear
pincel de repostería

PREPARACIÓN

1. Precaliente el horno a 170°C. Forre una bandeja de horno con papel de hornear.
2. Ponga en el vaso el agua, el huevo, el azúcar, el bicarbonato, la harina, la levadura y los bizcochos de soletilla y triture **5 seg/vel 5**. Amase **30 seg/** .
3. Añada las almendras y mezcle bien con la espátula. Retire sobre una superficie enharinada y forme cilindros de 2,5 cm de grosor (procure que las almendras queden en el interior de los cilindros). Colóquelos en la bandeja preparada y pinte con la yema batida.
4. Hornee durante 20 minutos (170°C). Retire del horno e inmediatamente, con un cuchillo bien afilado, corte rebanadas de 1 cm de grosor. Coloque las rebanadas de nuevo en la bandeja e introduzca en el horno ya apagado para secarlos con el calor residual (aprox. 2-3 horas). Deje enfriar y sirva o conserve en un recipiente para galletas.

INFORMACIÓN

- Receta facilitada por Dolors Bou.

VARIANTE

- En lugar de las soletillas puede utilizar cualquier resto de bollo seco (bizcocho, magdalenas, etc.).

20 min
2 h 40 min
baja
60 unidades

Por unidad:
Energía 190 kJ / 45 kcal
Proteínas 1 g / Hidratos 6 g / Grasa 2 g
Colesterol 9 mg / Fibra <1 g

PASTAS DE TÉ RIZADAS

INGREDIENTES

Masa

50 g de azúcar glas
250 g de harina de repostería
190 g de mantequilla a temperatura ambiente
2 huevos

Decoración

250 g de chocolate *fondant* (mín. 50% de cacao)
6 - 12 de guindas en almíbar (opcional)
6 - 12 almendras crudas sin piel (opcional)
2 cucharadas de mermelada (opcional)
2 cucharadas de azúcar glas (opcional)

ACCESORIOS ÚTILES

bandeja de horno y papel de hornear
manga pastelera con boquilla rizada

PREPARACIÓN

1. Precaliente el horno a 200°C. Forre una bandeja de horno con papel de hornear y reserve.

Masa

2. Ponga en el vaso todos los ingredientes de la masa y mezcle **30 seg/vel 4**. Ponga la masa en una manga pastelera con boquilla rizada. En la bandeja preparada, haga formas variadas (redondas, bastoncitos alargados, con forma de concha, etc.).
3. Hornee durante 10-12 minutos (200°C), hasta que estén doradas (15 pastas por bandeja). Repita el proceso con la masa restante. Lave y seque perfectamente el vaso y la tapa.

Decoración

4. Ponga el chocolate en el vaso y ralle **10 seg/vel 7**. Retire del vaso y reserve.
5. Ponga en el vaso 180 g del chocolate rallado reservado y funda **3 min/50°C/vel 2**.
6. Añada el chocolate rallado restante y mezcle **2 min/vel 2**. Decore unas pastas con el chocolate atemperado, otras con las guindas, las almendras, la mermelada o espolvoréelas con el azúcar glas. Sirva o conserve en un recipiente con tapa.

SUGERENCIA

- Puede cubrir solo las puntas con el chocolate atemperado, o bien mojar la mitad en diagonal. También puede poner el chocolate en un cucurucho pequeño de papel y hacer hilos de chocolate sobre las pastas.

15 min · 40 min · baja · 30 unidades

Por unidad:
Energía 576 kJ / 138 kcal
Proteínas 2 g / Hidratos 13 g / Grasa 9 g
Colesterol 31 mg / Fibra 1 g

LENGUAS DE GATO CON CHOCOLATE

INGREDIENTES

Masa

100 g de azúcar glas
1 cucharadita de azúcar vainillado
100 g de mantequilla a temperatura ambiente
3 claras de huevo
100 g de harina de repostería
1 pellizco de sal

Chocolate

250 g de chocolate *fondant* (mín. 50% de cacao)

ACCESORIOS ÚTILES

2 bandejas de horno
papel de hornear
manga pastelera con boquilla

PREPARACIÓN

Masa

1. Precaliente el horno a 180°C. Forre 2 bandejas de horno con papel de hornear y reserve.
2. **Coloque la mariposa** en las cuchillas, ponga en el vaso el azúcar glas, el azúcar vainillado y la mantequilla y mezcle **10 seg/vel 2**.
3. Añada las claras, la harina y la sal y, sin poner el cubilete, mezcle **1 min/vel 2**. Ponga la mezcla en una manga pastelera con boquilla lisa y deje reposar durante 10 minutos. Lave perfectamente el vaso y la tapa.
4. Sobre las bandejas de horno preparadas, vaya haciendo pequeños bastoncitos dejando separación entre ellos, ya que se extienden durante la cocción (25 bastones por bandeja).
5. Hornee en 2 tandas durante 7-10 minutos (180°C) o hasta que tengan el borde dorado. Retire del horno y deje enfriar.

Chocolate

6. Ponga en el vaso el chocolate y ralle **10 seg/vel 7**. Retire del vaso y reserve.
7. Ponga en el vaso 180 g del chocolate rallado reservado y funda **3 min/50°C/vel 2**.
8. Añada el chocolate rallado restante y mezcle **2 min/vel 2**. Vierta el chocolate atemperado en un bol y decore las lenguas mojando una de las puntas. Deje que el chocolate se endurezca y sirva o conserve en un recipiente hermético.

SUGERENCIA

- Puede pegar 2 lenguas poniendo entre ellas crema de mantequilla con el sabor que más le guste.

10 min | 40 min | baja | 50 unidades

Por unidad:
Energía 239 kJ / 57 kcal
Proteínas <1 g / Hidratos 6 g / Grasa 4 g
Colesterol 5 mg / Fibra <1 g

Tabletitas de Chocola

GALLETAS DE MANTEQUILLA DE CACAHUETE

INGREDIENTES

90 g de azúcar moreno
90 g de azúcar
115 g de mantequilla
1 huevo
225 g de mantequilla de cacahuete (cremosa, sin trozos)
½ cucharadita de sal
½ cucharadita de levadura química en polvo
½ cucharadita de vainilla líquida
180 g de harina

ACCESORIOS ÚTILES

bandeja de horno y papel de hornear
rejilla

PREPARACIÓN

1. Precaliente el horno a 180°C. Forre una bandeja de horno con papel de hornear y reserve.
2. Ponga en el vaso los dos tipos de azúcar y la mantequilla y mezcle **30 seg/vel 3.5**.
3. Con la espátula, baje la mezcla hacia el fondo del vaso. Agregue el huevo, la mantequilla de cacahuete, la sal, la levadura química, la vainilla y la harina. Mezcle **20 seg/vel 5**.
4. Con las manos, forme bolas de masa del tamaño de una nuez (aprox. 15 g) y colóquelas en la bandeja de horno, con una separación entre sí de al menos 2 cm. Con un tenedor, aplaste ligeramente cada bola para dejar las marcas de las púas.
5. Hornee durante 10-12 minutos (180°C). Mientras tanto, disponga sobre una segunda hoja de papel de hornear más bolas de masa. Retire la bandeja del horno y deslice el papel con las galletas horneadas sobre una rejilla.
6. Ponga el segundo papel de hornear con las bolas de masa sobre la bandeja de horno y hornee 10-12 minutos (180°C). Retire del horno y deslice el papel con las galletas horneadas sobre la rejilla. Deje enfriar totalmente y consérvelas en una lata hasta el momento de consumirlas.

SUGERENCIA

- Hornee durante 10 minutos para una consistencia más blanda y durante 12 minutos para una consistencia más crujiente.

20 min | 40 min | baja | 44 unidades

Por unidad:
Energía 340 kJ / 81 kcal
Proteínas 2 g / Hidratos 8 g / Grasa 5 g
Colesterol 12 mg / Fibra <1 g

TULIPAS

INGREDIENTES
130 g de azúcar
130 g de mantequilla a temperatura ambiente, en trozos pequeños
4 claras de huevo
130 g de harina de repostería
1 pellizco de sal

ACCESORIOS ÚTILES
2 bandejas de horno
papel de hornear
espátula ancha

PREPARACIÓN
1. Precaliente el horno a 180°C. Forre 2 bandejas de horno con papel de hornear y reserve.
2. Ponga en el vaso el azúcar y pulverice **10 seg/vel 10**.
3. Añada la mantequilla y las claras y mezcle **10 seg/vel 5**.
4. Incorpore la harina y la sal y mezcle **5 seg/vel 5**.
5. Vierta 2 cucharadas de masa separadas entre sí en una de las bandejas preparadas y extienda cada una con el reverso de la cuchara formando un círculo de Ø 16-18 cm.
6. Hornee 4-6 minutos a 180°C, hasta que los bordes de la masa empiecen a dorarse. Con una espátula ancha, desprenda rápidamente la masa de la bandeja, póngala encima de un bote o vaso (puesto del revés) e inmediatamente dele forma de tulipa con las manos.
7. Repita el procedimiento con toda la masa (aconsejamos no hacer más de 2 a la vez para poder manipularlas en caliente). Deje enfriar las tulipas y utilice a su conveniencia.

SUGERENCIA
- Puede rellenarlas de sorbete, helado, arroz con leche, natillas, *mousses*, etc.

INFORMACIÓN
- Al retirar del horno y mientras está caliente, esta masa es blanda y moldeable. Una vez que está fría se vuelve crujiente y quebradiza.

50 min | 50 min | media | 18 unidades

Por unidad:
Energía 466 kJ / 112 kcal
Proteínas 2 g / Hidratos 12 g / Grasa 6 g
Colesterol 18 mg / Fibra <1 g

GALLETAS DE CHOCOLATE CRAQUELADAS

INGREDIENTES

50 g de chocolate *fondant* (mín. 50% de cacao) en trozos
40 g de mantequilla en trozos
2 huevos
200 g de azúcar
120 g de harina de repostería
1 cucharadita rasa de levadura química en polvo
20 g de cacao puro en polvo
1 pellizco de sal
50 - 60 g de azúcar glas (para rebozar)

ACCESORIOS ÚTILES

bol apto para microondas
film transparente
bandeja de horno y papel de hornear

PREPARACIÓN

1. Ponga el chocolate y la mantequilla en un recipiente apto para microondas y funda durante unos segundos. Reserve.
2. Ponga en el vaso los huevos y el azúcar y mezcle **1 min/vel 3**.
3. Añada el chocolate fundido reservado y mezcle **15 seg/vel 3**.
4. Agregue la harina, la levadura, el cacao puro y la sal y mezcle **30 seg/vel 4**. Vierta en un bol, cubra con film transparente y reserve 3 horas en el frigorífico.
5. Precaliente el horno a 180°C con calor arriba y abajo. Forre una bandeja de horno con papel de hornear y reserve.
6. Con ayuda de 2 cucharas pequeñas, forme bolas un poco más grandes que una avellana y rebócelas en el azúcar glas. Colóquelas en la bandeja preparada separadas entre sí (20 bolas).
7. Hornee durante 10 minutos (180°C). Repita el proceso hasta terminar la masa (3 tandas). Retire del horno y deje enfriar (aprox. 15 minutos). Sirva o conserve en un recipiente con tapa.

Paso 6

20 min | 4 h | baja | 60 unidades

Por unidad:
Energía 156 kJ / 37 kcal
Proteínas <1 g / Hidratos 6 g / Grasa 1 g
Colesterol 10 mg / Fibra <1 g

GALLETAS PARA DECORAR

INGREDIENTES

Masa

120 g de azúcar glas
400 g de harina de repostería
240 g de mantequilla a temperatura ambiente
1 huevo

Decoración

2 claras de huevo
200 g de azúcar glas
1 cucharadita de zumo de limón
3 - 4 gotas de colorante de varios colores

ACCESORIOS ÚTILES

film transparente
bolsa de plástico grande de uso alimentario
rodillo
2 bandejas de horno
papel de hornear
cortapastas
mangas pasteleras desechables

PREPARACIÓN

Masa

1. Ponga todos los ingredientes de la masa en el vaso y mezcle **20 seg/vel 6**. Retire la masa del vaso, forme un bloque y envuélvalo en film transparente. Deje reposar 15 minutos en el frigorífico.
2. Corte el bloque de masa en 3 partes iguales y reserve 2 envueltas en film transparente de nuevo en el frigorífico. Coloque la masa entre 2 plásticos y con un rodillo, extiéndala procurando que quede toda del mismo grosor (aprox. 5 mm). Reserve la masa extendida en el congelador durante 8-10 minutos.
3. Precaliente el horno a 180°C. Forre 2 bandejas de horno con papel de hornear y reserve.
4. Corte la masa extendida con cortapastas de diferentes formas (estrella, corazón, redonda, etc.) y colóquelas en una de las bandejas preparadas.
5. Hornee durante 10-12 minutos (180°C), retire del horno y deje enfriar. Repita el procedimiento con la masa restante. Aclare el vaso.

Decoración

6. Ponga en el vaso la clara, el azúcar y las gotas de limón y mezcle **20 seg/vel 6**. Vierta el glaseado en varios boles, dependiendo de los colores que quiera preparar, añada los colorantes y mezcle. Ponga cada color en una manga pastelera desechable.
7. Cuando las galletas estén frías, decórelas con el glaseado, deje secar y sirva o conserve en una lata.

Paso 2

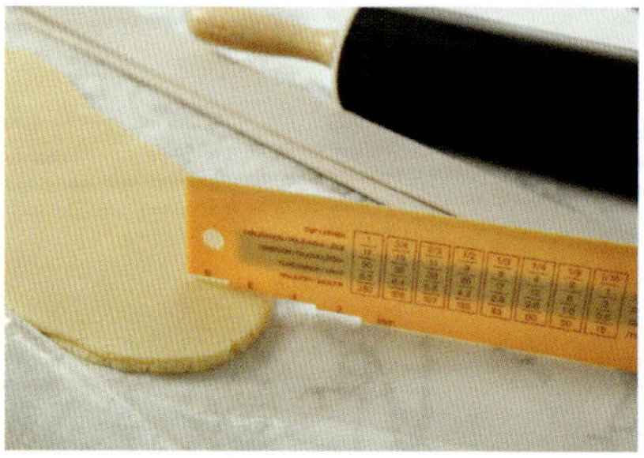
Paso 2

Paso 4

30 min
1 h 30 min
media
40 unidades

Por unidad:
Energía 408 kJ / 97 kcal
Proteínas 1 g / Hidratos 11 g / Grasa 6 g
Colesterol 24 mg / Fibra <1 g

SUGERENCIA

- Puede decorar con *fondant* de diferentes colores.

PEQUEÑA PASTELERÍA

Pequeños bocados para tomar con la mano. Disfrute de estas dulces tentaciones, con elaboraciones tanto sencillas como más sofisticadas.

PASTELES DE NUBES CON COCO Y PISTACHOS

INGREDIENTES

Masa quebrada dulce

130 g de harina de repostería
¼ cucharadita de sal
30 g de azúcar moreno
110 g de mantequilla fría, en trozos

Nubes al aroma de vainilla

30 g de pistachos pelados (sin sal)
30 g de coco rallado para espolvorear
200 g de agua fría
1 sobre de gelatina neutra en polvo (10 g)
150 g de azúcar
¼ cucharadita de sal
100 g de azúcar glas
1 cucharadita de levadura química en polvo
1 cucharadita de vainilla líquida o de esencia de pistacho
4 - 6 gotas de colorante verde

ACCESORIOS ÚTILES

molde cuadrado 22x22 cm
rejilla

PREPARACIÓN

Masa quebrada dulce

1. Precaliente el horno a 180ºC.
2. Ponga en el vaso la harina, la sal, el azúcar moreno y la mantequilla. Mezcle **15 seg/vel 6**. Vierta en un molde cuadrado de 22x22 cm y extiéndala para cubrir bien el fondo.
3. Hornee durante 25-30 minutos (180ºC) o hasta que los bordes comiencen a tener un color dorado. Retire del horno y deje el molde sobre una rejilla para que se enfríe totalmente. Mientras tanto, siga con la receta.

Nubes al aroma de vainilla

4. Ponga en el vaso los pistachos y el coco rallado y trocee **3 seg/vel 6**. Retire del vaso y reserve. Lave perfectamente la tapa y el vaso.
5. Ponga en el vaso el agua y añada la gelatina neutra alrededor de las cuchillas. Deje reposar en el vaso durante un mínimo de 5 minutos para que se hidrate.
6. Incorpore el azúcar y la sal y caliente **3 min/60°C/vel 2.5**. Deje en el vaso hasta que se enfríe totalmente y comience a cuajar (aprox. 30 minutos, preste atención para que no cuaje).
7. **Coloque la mariposa** en las cuchillas, añada el azúcar glas y bata **1 min/vel 3**.
8. Agregue la levadura, la vainilla y el colorante y bata **7 min/vel 3.5**. **Retire la mariposa**. Vierta sobre la masa horneada y golpee ligeramente el molde sobre la encimera para nivelar la superficie.
9. Espolvoree con la mezcla de coco rallado y pistachos y deje reposar en el frigorífico un mínimo de 4 horas. Corte en cuadrados y sirva.

SUGERENCIA

- Puede cortar los pasteles más pequeños, tamaño bocado de 2-3 cm.

VARIANTE

- Puede utilizar colorante rojo y espolvorear la superficie con 60 g de coco.

20 min | 5 h 20 min | baja | 16 raciones

Por ración:
Energía 613 kJ / 147 kcal
Proteínas 1 g / Hidratos 18 g / Grasa 8 g
Colesterol 17 mg / Fibra 12 g

ROSA DE HOJALDRE Y MANZANA

INGREDIENTES

50 g de mantequilla clarificada
50 g de azúcar moreno
1 cucharadita de canela molida
100 g de ron
2 clavos de olor
50 g de agua
2 manzanas ácidas peladas y cortadas en láminas muy finas (300 g aprox.)
1 lámina de hojaldre (de aprox. 30x40 cm)
1 cucharada de azúcar glas

ACCESORIOS ÚTILES

bandeja de horno y papel de hornear
colador de malla fina

PREPARACIÓN

1. Precaliente el horno a 180°C. Forre una bandeja de horno con papel de hornear y reserve.
2. Ponga en el vaso la mantequilla, el azúcar moreno, la canela, el ron, los clavos y el agua. Coloque las láminas de manzana en el recipiente Varoma, tape y sitúelo en su posición. Programe **8 min/Varoma/vel 1**. Retire el Varoma y coloque las manzanas en una fuente. Riéguelas con parte del sirope del vaso (reserve el resto para servir).
3. Corte la lámina de hojaldre en tiras de 4-5 cm de ancho x 40 cm de largo. Coloque láminas de manzana en la mitad de cada tira de hojaldre, a lo largo, y doble sobre ellas la otra mitad. Comenzando por uno de los extremos, enrolle el hojaldre con la manzana y se formará una rosa. Coloque las rosas de hojaldre en la bandeja preparada.
4. Hornee durante 20-25 minutos (180°C), hasta que estén doradas. Retire del horno y espolvoree con azúcar glas a través de un colador de malla fina. Sirva las rosas de hojaldre templadas o frías, regadas con el sirope.

INFORMACIÓN

- Receta facilitada por Alma Inzolia.
- La mantequilla clarificada es una mantequilla fundida y reposada para poder separar la grasa del suero y el agua.

Paso 3

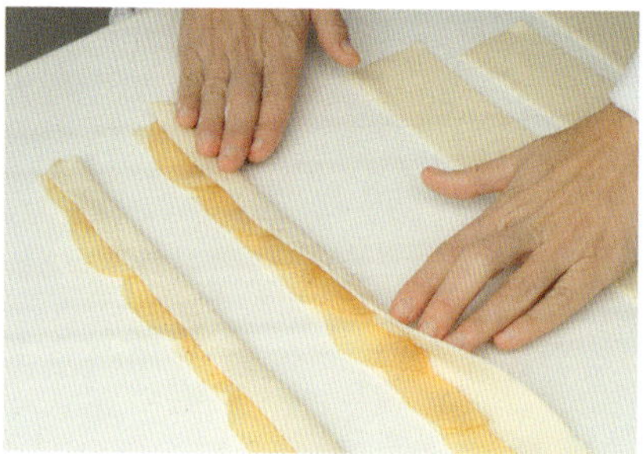

Paso 3

Paso 3

15 min | 45 min | media | 7 unidades

Por unidad:
Energía 1.062 kJ / 254 kcal
Proteínas 2 g / Hidratos 25 g / Grasa 17 g
Colesterol 33 mg / Fibra 1 g

MILHOJAS CON CREMA PASTELERA Y NATA

INGREDIENTES

Crema pastelera
250 g de leche
35 g de azúcar
30 g de harina de repostería
1 huevo
1 yema de huevo
½ cucharadita de azúcar vainillado

Otras elaboraciones y montaje
250 g de nata (con 35% de grasa)
2 cucharadas de azúcar glas
1 lámina de hojaldre de 30x40 cm (aprox. 275 g)
1 huevo batido para pincelar

ACCESORIOS ÚTILES

2 mangas pasteleras con boquilla rizada
bandeja de horno y papel de hornear
pincel de repostería
rodillo

PREPARACIÓN

Crema pastelera

1. Ponga en el vaso los ingredientes de la crema pastelera y mezcle **10 seg/vel 4**. Programe **5 min/90°C/vel 3**. Retire del vaso a una manga pastelera con boquilla rizada y deje enfriar. Reserve en el frigorífico. Lave y seque el vaso y la tapa.

Otras elaboraciones y montaje

2. **Coloque la mariposa** en las cuchillas y ponga en el vaso la nata y 1 cucharada de azúcar glas. Monte a **vel 3** hasta que esté montada, prestando atención para evitar batir en exceso y que se haga mantequilla. Retire del vaso a una manga pastelera con boquilla rizada y reserve en el frigorífico.
3. Precaliente el horno a 180°C. Forre una bandeja de horno con papel de hornear y reserve.
4. Coloque la lámina de hojaldre sobre la encimera espolvoreada con harina y dele una vuelta sencilla (divida de forma imaginaria la masa en tres partes A , B y C. Doble A sobre B y C sobre A+B). Pase el rodillo por encima de la masa presionando ligeramente. Corte 12 rectángulos de aprox. 6,5 x 4 cm y colóquelos en la bandeja de horno. Pincélelos con el huevo batido.
5. Hornee durante aprox. 15 minutos (180°C). Retire del horno y deje enfriar.
6. Corte cada hojaldre en 3 partes en sentido transversal. Rellene con crema pastelera la parte inferior, superponga la parte central del hojaldre, rellene con nata y cubra con la parte superior. Espolvoree con 1 cucharada de azúcar glas y reserve en el frigorífico hasta el momento de servir.

45 min · 1 h · media · 12 · 12 unidades

Por unidad:
Energía 928 kJ / 222 kcal
Proteínas 4 g / Hidratos 15 g / Grasa 16 g
Colesterol 94 mg / Fibra <1 g

MILHOJAS DE MERENGUE

INGREDIENTES

Masa
150 g de harina de repostería
100 g de mantequilla fría, en trozos pequeños
100 g de nata fría

Merengue
2 claras de huevo
50 g de agua
200 g de azúcar
2 - 4 gotas de vinagre

Montaje
1 cucharada de azúcar glas

ACCESORIOS ÚTILES

film transparente
bandeja de horno y papel de hornear
bolsa de plástico grande de uso alimentario
rodillo

PREPARACIÓN

Masa

1. Ponga en el vaso la harina, la mantequilla y la nata y mezcle **10 seg/vel 4**. Retire la masa del vaso y divídala en 2 partes. Envuélvalas en film transparente y reserve en el congelador durante 25-30 minutos. Lave y seque perfectamente el vaso y la tapa.
2. Precaliente el horno a 200°C. Forre una bandeja de horno con papel de hornear y reserve.
3. Coja una de las porciones de masa y colóquela espolvoreada con harina entre dos plásticos. Dele unos golpes con el rodillo para aplanarla y extiéndala hasta obtener un rectángulo de aprox. 25x30 cm. Corte los bordes (aprox. 5 mm) para que queden rectos. Coloque la masa en la bandeja de horno preparada y pínchela por toda la superficie con un tenedor.
4. Hornee durante 10-12 minutos (200°C), hasta que esté dorada. Repita el procedimiento con la masa restante y deje enfriar las dos masas por separado.

Merengue

5. **Coloque la mariposa** en las cuchillas, ponga en el vaso las claras, el agua, el azúcar y el vinagre y monte **10 min/50°C/vel 3.5**.

Montaje

6. Coloque una de las planchas de milhojas en una bandeja y vierta encima el merengue, distribuyéndolo por toda la superficie. Cubra con la otra plancha e iguale los bordes con la espátula. Espolvoree con azúcar glas y reserve en el frigorífico hasta el momento de servir. Corte en porciones y sirva.

SUGERENCIA
- Le recomendamos utilizar un cuchillo de sierra para cortar el milhojas.

30 min | 1 h 40 min | media | 12 raciones

Por ración:
Energía 852 kJ / 204 kcal
Proteínas 2 g / Hidratos 26 g / Grasa 10 g
Colesterol 30 mg / Fibra <1 g

CREMADILLOS

INGREDIENTES

Masa hojaldrada

300 g de harina de repostería
400 g de mantequilla muy fría (en trozos pequeños de 1-2 cm)
200 g de harina de fuerza
180 g de agua muy fría
1 cucharadita de sal

ACCESORIOS ÚTILES

film transparente
rodillo
manga pastelera
cortapastas (Ø 9 cm)
bandeja de horno y papel de hornear
rejilla

PREPARACIÓN

Masa hojaldrada

1. Ponga un bol sobre la tapa del vaso y pese 100 g de harina de repostería. Reserve para trabajar la masa.
2. Ponga en el vaso la mantequilla, 200 g de harina de repostería, la harina de fuerza, el agua y la sal y mezcle **10 seg/vel 6**.
3. Con la espátula, baje la masa hacia el fondo del vaso y amase **20 seg/** . Retire la masa sobre una superficie espolvoreada con un poco de la harina reservada. Forme una bola y aplástela dándole forma cuadrada. Espolvoree la masa con un poco de harina y, con el rodillo, estírela en forma de rectángulo (aprox. 30x40 cm). Divida de forma imaginaria la masa estirada en tres partes A , B y C. Doble A sobre B y C sobre A+B (vuelta sencilla). Deje reposar en el frigorífico 30 minutos envuelta con film transparente.
4. Retire del frigorífico y vuelva a estirar la masa (aprox. 30x40 cm). Divida de forma imaginaria la masa estirada esta vez en 4 partes A , B, C y D. Doble A sobre B y D sobre C para luego doblar A+B sobre D+C (vuelta doble). Vuelva a ponerla en el frigorífico 30 minutos envuelta con film transparente.
5. Repita el proceso de estirar y doblar la masa dos veces más (una vuelta sencilla y una doble) y vuelva a ponerla en el frigorífico 30 minutos.

Continúa en la página 124 ▶

Paso 3

Paso 3

Por unidad (relleno de sobrasada):
Energía 1.924 kJ / 460 kcal
Proteínas 7 g / Hidratos 26 g / Grasa 37 g
Colesterol 1 mg / Fibra 1 g

Por unidad (relleno de cabello de ángel):
Energía 1.871 kJ / 448 kcal
Proteínas 3 g / Hidratos 61 g / Grasa 21 g
Colesterol 63 mg / Fibra 1 g

Por unidad (relleno de crema y cab. de ángel):
Energía 3.339 kJ / 799 kcal
Proteínas 15 g / Hidratos 118 g / Grasa 30 g
Colesterol 288 mg / Fibra 4 g

Por unidad (relleno de crema):
Energía 1.813 kJ / 434 kcal
Proteínas 8 g / Hidratos 35 g / Grasa 29 g
Colesterol 288 mg / Fibra 1 g

1 h | 3 h 50 min | alta | 16 unidades (4 de cada relleno)

▶ Cremadillos, continuación de la página **122**

INGREDIENTES

Crema pastelera de vainilla
150 g de leche
25 g de harina de repostería
25 g de azúcar
4 yemas de huevo
1 vaina de vainilla (solo la raspadura)

Pasta de sobrasada y miel
100 g de sobrasada mallorquina
20 g de miel

Formado y cocción
100 g de azúcar (para estirar la masa)
2 cucharadas de agua (para humedecer los bordes)
100 g de cabello de ángel

PREPARACIÓN

Crema pastelera de vainilla

6. Ponga en el vaso todos los ingredientes y programe **4 min/100°C/vel 4**. Ponga en una manga pastelera y deje enfriar. Lave el vaso.

Pasta de sobrasada y miel

7. Ponga en el vaso la sobrasada y la miel y mezcle **10 seg/vel 4**. Retire de vaso y reserve.

Formado y cocción

8. Extienda la masa sobre una superficie espolvoreada con harina (aprox. 50x40 cm) y corte 16 discos de Ø 9 cm. Retire la masa restante.
9. Precaliente el horno a 215°C. Forre una bandeja de horno con papel de hornear.
10. Espolvoree la superficie de trabajo con un poco de azúcar y ponga encima un disco de masa. Espolvoree con otro poco de azúcar y, con el rodillo, estire la masa para darle forma ligeramente alargada. Ponga un poco de crema pastelera en un extremo de la masa, humedezca los bordes con agua y cierre doblando la masa encima y presionando un poco. Repita esta operación con cada relleno hasta obtener 4 empanadillas de crema pastelera, 4 de sobrasada y miel, 4 de cabello de ángel y 4 de crema pastelera y cabello de ángel. Colóquelos en la bandeja de horno preparada y deje reposar en el frigorífico durante aprox. 30 minutos.
11. Hornee durante 18 minutos (215°C). Retire del horno y póngalos sobre una rejilla con la parte inferior hacia arriba. Deje enfriar los cremadillos antes de servir.

Paso 8

Paso 10

Paso 10

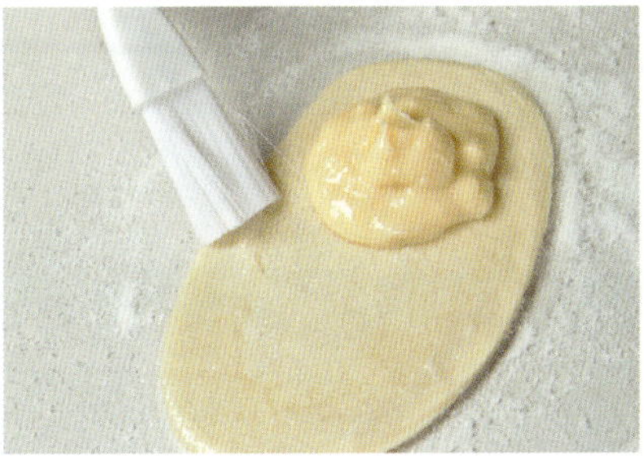

Paso 10

Paso 10

Paso 10

SUGERENCIA

- Utilice la masa sobrante para preparar unas palmeritas.
- Los hojaldres son masas formadas por capas u hojas constituidas por dos cuerpos de distinta composición; uno es una masa de harina y agua y el otro es una materia grasa. El número de capas necesario se obtiene por laminado de los dos cuerpos (masa y materia grasa), superponiéndolos mediante pliegues o dobleces, que se denominan "vueltas".

INFORMACIÓN

- La receta original de los cremadillos la elaboraba el Señor Miquel Pujol Ferragut, del *Forn de sa Pelletería* en el casco antiguo de la ciudad de Palma.

CARBAYONES

INGREDIENTES

2 láminas de masa de hojaldre

Relleno

100 g de almendra molida
1 yema de huevo
1 huevo
100 g de azúcar glas
20 g de *brandy*
3 - 4 tiras de piel de limón (solo la parte amarilla) ralladas

Cobertura de yemas

150 g de azúcar
50 g de agua
4 yemas de huevo
1 cucharada de maicena

Glaseado blanco

1 clara de huevo
200 g de azúcar glas
15 g de zumo de limón
1 cucharada de agua

ACCESORIOS ÚTILES

bandeja de horno
rodillo
molde metálico para magdalenas alargadas (aprox. 10 cm)
varillas
cápsulas alargadas de papel (aprox. 10 cm)

PREPARACIÓN

1. Con el rodillo, extienda cada lámina de hojaldre hasta obtener un grosor de 5 mm. Corte porciones de aprox. 8x4 cm (con las esquinas redondeadas) y forre 16 moldes de magdalena metálicos alargados. Pinche la masa con un tenedor y colóquelos en una bandeja de horno. Reserve en el frigorífico.
2. Precaliente el horno a 180°C.

Relleno

3. Ponga en el vaso la almendra molida, la yema, el huevo, el azúcar, el *brandy* y la piel de limón rallada y mezcle **10 seg/vel 6**. Vierta la mezcla en los moldes reservados.
4. Hornee durante aprox. 30 minutos (180ºC) o hasta que el hojaldre esté dorado. Lave el vaso.

Cobertura de yemas

5. Ponga en el vaso el azúcar y el agua y programe **7 min/120°C/vel 1** sin poner el cubilete. Mientras tanto, mezcle en un bol las yemas con la maicena. Vierta a hilo fino el almíbar del vaso sobre las yemas y vaya mezclando con ayuda de una varilla.
6. Vierta en el vaso la mezcla de yemas y almíbar y programe **1 min/100°C/vel 1**.
7. Mezcle bien con la espátula, rascando en el fondo para despegar la película que se forma. Vuelva a programar **1 min/100°C/vel 1**.
8. Vuelva a rascar bien el fondo y programe **1 min/100°C/vel 1**. Retire del vaso a un bol y enfríe rápidamente en un baño maría frío. Cubra cada carbayón con 1 cucharada de cobertura de yemas y deje reposar durante aprox. 15 minutos. Lave y seque el vaso.

Glaseado blanco

9. Ponga en el vaso la clara, el azúcar glas, el zumo de limón y el agua y mezcle **15 seg/vel 6**. Cubra la capa de yema de los carbayones con el glaseado. Desmolde los carbayones y colóquelos en cápsulas de papel alargadas. Sirva inmediatamente o conserve en un recipiente hermético.

40 min | 1 h 25 min | alta | 16 raciones

Por ración:
Energía 1.404 kJ / 336 kcal
Proteínas 3 g / Hidratos 37 g / Grasa 19 g
Colesterol 123 mg / Fibra <1 g

SUGERENCIAS

- Si no tiene los moldes metálicos para carbayones, puede utilizar 2 cápsulas alargadas de papel (para magdalenas), poniendo una cápsula dentro de otra para que no se abran con el peso del relleno.
- Un baño maría frío se puede preparar colocando un bol pequeño dentro de otro más grande con hielos y un poco de agua.

Paso 1

Paso 1

Paso 3

Paso 9

BIZCOCHOS BORRACHOS

INGREDIENTES

Bizcocho
4 huevos
100 g de azúcar
100 g de harina de repostería

Almíbar
200 g de agua
300 g de azúcar
150 g de vino dulce (p. ej. moscatel)

Para espolvorear
1 cucharada de canela molida (opcional)

ACCESORIOS ÚTILES
molde cuadrado 22x22 cm
papel de hornear

PREPARACIÓN

Bizcocho

1. Precaliente el horno a 180°C. Forre un molde cuadrado de 22x22 cm con papel de hornear y reserve.
2. **Coloque la mariposa** en las cuchillas, ponga en el vaso los huevos y el azúcar y bata **6 min/37°C/vel 3.5**. Vuelva a batir **6 min/vel 3.5** sin programar temperatura.
3. Añada la harina alrededor de la mariposa y mezcle **4 seg/vel 3**. **Retire la mariposa** y termine de mezclar con la espátula. Vierta la preparación en el molde preparado y golpee sobre la encimera para nivelar la superficie.
4. Hornee durante 15 minutos (180°C). Mientras tanto, prepare el almíbar. Lave el vaso.

Almíbar

5. Ponga en el vaso el agua y el azúcar. Sin poner el cubilete, programe **10 min/120°C/vel 1**.
6. Añada el vino, retire el vaso de la máquina y deje enfriar (aprox. 15 minutos).

Terminación

7. Desmolde el bizcocho y retire aprox. 1 cm de los bordes para cuadrarlo. Corte el bizcocho en cuadrados de aprox. 4x4 cm y vaya colocándolos en la bandeja donde lo horneó. Vierta el almíbar por encima y deje reposar aprox. 15 minutos para que lo absorba. Espolvoree con canela, colóquelos en una bandeja o en cápsulas de papel y sirva.

20 min | 1 h 5 min | baja | 25 unidades

Por unidad:
Energía 401 kJ / 96 kcal
Proteínas 2 g / Hidratos 19 g / Grasa 1 g
Colesterol 38 mg / Fibra <1 g

BOLLOS DE MANTEQUILLA DE BILBAO

INGREDIENTES

Masa
3 huevos (uno batido para pincelar)
180 g de agua
95 g de azúcar
1 cucharadita de sal
90 g de margarina
560 g de harina de fuerza (y un poco más para trabajar la masa)
20 g de levadura de panadería deshidratada (4 sobres)

Crema de mantequilla
200 g de azúcar
100 g de agua
200 g de mantequilla a temperatura ambiente

Para espolvorear
1 - 2 cucharadas de azúcar glas

ACCESORIOS ÚTILES

film transparente
bandeja de horno y papel de hornear
pincel de repostería

PREPARACIÓN

Masa

1. Ponga en el vaso 2 huevos, el agua, el azúcar, la sal, la margarina y la harina. Amase **5 min/**.
2. Añada la levadura deshidratada y amase **7 min/**. Retire la masa del vaso y forme una bola. Déjela reposar en un bol tapado con film transparente durante aprox. 1 hora.
3. Ponga la masa en una superficie de trabajo espolvoreada con harina y aplástela con las manos para desgasificarla. Divida la masa en 20 porciones de aprox. 50 g y deles forma de bola. Con las manos, haga rodar cada bola sobre la encimera para formar cilindros de 12 cm de largo. Colóquelos, separados entre sí, en 2 bandejas de horno forradas con papel de hornear y deje fermentar durante aprox. 1 hora hasta que doblen su volumen. Lave el vaso.
4. Precaliente el horno a 220°C.
5. Hornee una bandeja durante 4-5 minutos (220°C). Retire del horno e inmediatamente pincele con el huevo batido. Repita el procedimiento con la segunda bandeja y deje enfriar los bollos.

Crema de mantequilla

6. Ponga en el vaso el azúcar y el agua y, sin poner el cubilete, programe **5 min/120°C/vel** . Retire el almíbar a un bol y deje enfriar (aprox. 2 horas).
7. **Coloque la mariposa** en las cuchillas. Ponga en el vaso la mantequilla, bata **1 min/vel 3** y vaya añadiendo el almíbar por la abertura.
8. Con la espátula, baje los ingredientes hacia el fondo del vaso y bata **30 seg/vel 3**. Retire a un bol y reserve.
9. Corte los bollos por la mitad y úntelos con la crema de mantequilla. Espolvoree con el azúcar glas y sirva.

INFORMACIÓN

- Este receta se elabora desde 1962 en la Pastelería Leku-Ona situada en la localidad vizcaína de Mungia, siendo la tercera generación (Jone Markaida y Víctor Manuel Solera) quien nos la facilita.
- Receta adaptada por Igone Garai.

50 min | 5 h | media | 20 | 20 unidades

Por unidad:
Energía 1.166 kJ / 279 kcal
Proteínas 4 g / Hidratos 36 g / Grasa 13 g
Colesterol 61 mg / Fibra 1 g

PANELLETS

INGREDIENTES

Masa
250 g de azúcar
10 tiras de piel de limón (solo la parte amarilla)
250 g de almendras crudas sin piel
1 clara de huevo
15 g de agua
50 g de patata cocida

Montaje y horneado
50 g de piñones
20 g de coco rallado
50 g de granillo de almendra cruda
15 g de azúcar glas
5 guindas en almíbar (cortadas por la mitad)
2 yemas de huevo (para pintar)

ACCESORIOS ÚTILES

recipiente hermético
bandeja de horno y papel de hornear
pincel de repostería

PREPARACIÓN

Masa

1. Ponga en el vaso el azúcar y la piel de limón y pulverice **30 seg/vel 10**. Retire del vaso y reserve.
2. Ponga en el vaso las almendras y ralle **12 seg/vel 6**.
3. Incorpore el azúcar aromatizado reservado, la clara de huevo, el agua y la patata cocida. Mezcle **6 seg/vel 6**. Retire la masa del vaso y resérvela en un recipiente hermético dentro del frigorífico durante aprox. 10 horas.

Montaje y horneado

4. Precaliente el horno a 250°C. Forre una bandeja de horno con papel de hornear.
5. Forme 10 bolas un poco más pequeñas que el tamaño de una nuez (reserve el resto de masa) y rebócelas con los piñones apretando bien para que queden pegados. Colóquelas en la bandeja preparada.
6. Forme otras 10 bolas del tamaño de una nuez (reserve el resto de masa) y rebócelas con el coco rallado. Colóquelas en la bandeja.
7. Forme otras 10 bolas del tamaño de una nuez (reserve el resto de masa) y aplástelas dándoles forma de cilindro. Rebócelos con el granillo de almendra y colóquelos en la misma bandeja.
8. Forme las últimas 10 bolas del tamaño de una nuez y rebócelas en el azúcar glas. Colóquelas en la bandeja, aplaste con el dedo índice en el centro y ponga ½ guinda en cada hueco.
9. Pincele los panellets de piñones y de almendra con las yemas de huevo batidas. Hornee la bandeja durante 5 minutos (250°C). Retire del horno y deje enfriar antes de servir.

INFORMACIÓN

- Receta facilitada por Tere Romera.

25 min | 10 h 30 min | media | 40 unidades

Por unidad:
Energía 363 kJ / 86 kcal
Proteínas 2 g / Hidratos 8 g / Grasa 5 g
Colesterol 11 mg / Fibra <1 g

ALMOIXÀVENAS

INGREDIENTES

Masa
130 g de leche
120 g de agua
100 g de aceite de oliva
1 pellizco de sal
170 g de harina de repostería
4 huevos

Almíbar de miel
100 g de agua
200 g de miel
100 g de azúcar para espolvorear

ACCESORIOS ÚTILES

bandeja de horno y papel de hornear

PREPARACIÓN

Masa

1. Precaliente el horno a 180°C. Forre una bandeja de horno con papel de hornear.
2. Ponga en el vaso la leche, el agua, el aceite y la sal y caliente **7 min/100°C/vel 3**.
3. Añada la harina y mezcle **20 seg/vel 6**. Retire el vaso de la máquina y deje templar durante 5 minutos.
4. Vuelva a colocar el vaso en la máquina. Sin poner el cubilete, programe **vel 4** y vaya añadiendo los huevos, de uno en uno, a través de la abertura y no incorpore el siguiente hasta que esté integrado el anterior.
5. Con la espátula, baje los ingredientes hacia el fondo del vaso y vuelva a mezclar **10 seg/vel 4**. Con las manos untadas en aceite, tome porciones de masa de aprox. 50 g. Introduzca el dedo índice aceitado en el centro de la masa y muévalo en forma circular para formar el rosco. Colóquelos en la bandeja preparada.
6. Hornee en 2 tandas durante 30 minutos (180°C). Lave el vaso.

Almíbar de miel

7. Ponga en el vaso el agua y la miel y programe **5 min/100°C/vel 2**. Vierta en un bol y deje templar.
8. Bañe las almoixàvenas en el almíbar, espolvoree con azúcar y sirva.

SUGERENCIA

- Puede poner la masa en una manga pastelera con boquilla rizada y formar los roscos sobre la bandeja de horno.

INFORMACIÓN

- Receta facilitada por Nieves García Galindo.
- La almoixàvena es un dulce de origen árabe, típico de la zona de Xàtiva (Comunidad Valenciana).

25 min | 1 h 30 min | media | 14 unidades

Por unidad:
Energía 876 kJ / 210 kcal
Proteínas 4 g / Hidratos 27 g / Grasa 9 g
Colesterol 70 mg / Fibra <1 g

FINANCIEROS DE ALBARICOQUE

INGREDIENTES

120 g de almendras crudas sin piel
100 g de harina de repostería
280 g de azúcar
5 claras de huevo
10 g de mermelada de albaricoque
230 g de mantequilla a temperatura ambiente (y un poco más para engrasar los moldes)

ACCESORIOS ÚTILES

moldes de financieros
manga pastelera

PREPARACIÓN

1. Precaliente el horno a 180°C. Engrase con mantequilla 20 moldes de financieros (de 7x4x3 cm) y reserve.
2. Ponga en el vaso las almendras y pulverice **10 seg/vel 10**.
3. **Coloque la mariposa** en las cuchillas, añada la harina y el azúcar y mezcle **10 seg/vel 2**.
4. Agregue las claras, mezcle **1 min/vel 3** y programe **3 min/60°C/vel 2**.
5. Incorpore la mermelada y la mantequilla y mezcle **40 seg/vel 3**. Vierta la mezcla en una manga pastelera y rellene los moldes preparados.
6. Hornee durante 20-22 minutos (180°C) o hasta que estén bien dorados. Deje templar y desmolde. Sirva una vez fríos o conserve en un recipiente hermético.

10 min | 30 min | baja | 20 unidades

Por unidad:
Energía 839 kJ / 201 kcal
Proteínas 3 g / Hidratos 18 g / Grasa 13 g
Colesterol 29 mg / Fibra <1 g

PETISÚS *(ÉCLAIRS)*

INGREDIENTES

Crema pastelera
500 g de leche
60 g de harina de repostería
2 huevos
2 yemas de huevo
1 cucharada de azúcar vainillado
70 g de azúcar

Masa *choux*
120 g de leche
130 g de agua
100 g de mantequilla
1 pellizco de sal
5 g de azúcar
160 g de harina de repostería
4 huevos (60-65 g c/u)

Glaseado y montaje
200 g de azúcar glas
1 clara de huevo
4 - 5 gotas de zumo de limón

ACCESORIOS ÚTILES

manga pastelera con boquilla
bandeja de horno y papel de hornear
manga pastelera con boquilla lisa de 1 cm

PREPARACIÓN

Crema pastelera

1. Ponga en el vaso la leche, la harina, los huevos, las yemas, el azúcar vainillado y el azúcar y programe **7 min/90°C/vel 4**. Mezcle **5 seg/vel 9**. Vierta la crema en una manga pastelera con boquilla y reserve. Lave el vaso.

Masa *choux*

2. Precaliente el horno a 200°C. Forre una bandeja de horno con papel de hornear.
3. Vierta en el vaso la leche, el agua, la mantequilla, la sal y el azúcar y caliente **5 min/90°C/vel 2**.
4. Agregue la harina y mezcle **15 seg/vel 4**. Retire el vaso de la máquina y deje templar durante 5-10 minutos.
5. Coloque el vaso en la máquina y sin poner el cubilete, programe **vel 4** y vaya añadiendo los huevos de uno en uno a través de la abertura (no incorpore el siguiente hasta que esté integrado el anterior). Vierta la masa en una manga pastelera con boquilla de 1 cm.
6. En la bandeja de horno preparada, haga 30 bastones de aprox. 6 cm. Hornee durante 20 minutos (200°C). Retire del horno y repita la misma operación con el resto de la masa. Deje enfriar. Lave el vaso.

Glaseado y montaje

7. Ponga en el vaso el azúcar glas, la clara y el zumo de limón y mezcle **10 seg/vel 6**. Retire del vaso y reserve.
8. Haga un corte por uno de los lados de los bastones sin llegar a separar las dos mitades y rellénelos con la crema pastelera. Bañe cada uno por la parte superior con el glaseado. Reserve en el frigorífico hasta el momento de servir.

VARIANTES

- **Crema pastelera de chocolate:** Añada 3 cucharadas (30 g) de cacao puro en polvo junto con el azúcar.
- **Crema pastelera de café:** Añada 3 cucharadas (10 g) de café soluble junto con el azúcar.
- **Glaseado de café:** Añada al glaseado 2 cucharaditas de café soluble y mezcle con una cucharita hasta que esté bien disuelto.
- **Cobertura de chocolate:** En lugar del glaseado, puede cubrir los petisús con cobertura de chocolate. Ponga en un bol apto para el microondas 75 g de chocolate *fondant* con 10 g de mantequilla y 1 cucharada de agua. Caliente 30 segundos al 100% de potencia y mezcle bien para integrar los ingredientes.

1 h | 1 h 50 min | media | 60 unidades

Por unidad:
Energía 270 kJ / 65 kcal
Proteínas 2 g / Hidratos 8 g / Grasa 3 g
Colesterol 45 mg / Fibra <1 g

SUGERENCIA

- Puede conservar las piezas de masa *choux* horneadas envueltas en una bolsa de plástico durante una semana en el frigorífico o durante aprox. 1 mes en el congelador. En este caso, deje descongelar completamente y utilice el mismo día.

SCONES

INGREDIENTES

500 g de harina de repostería (y un poco más para espolvorear)
2 sobres de levadura química
1 pellizco de sal
80 g de azúcar
150 g de mantequilla fría (en trozos pequeños)
250 g de leche fría

ACCESORIOS ÚTILES

bandeja de horno y papel de hornear
rodillo
cortapastas (Ø 5 cm)

PREPARACIÓN

1. Precaliente el horno a 200°C. Forre una bandeja de horno con papel de hornear.
2. Ponga en el vaso la harina, la levadura, la sal, el azúcar y la mantequilla y mezcle **5 seg/vel 5**.
3. Añada la leche y mezcle **20 seg/vel 6**. Retire la masa del vaso y amásela ligeramente con las manos sobre una superficie espolvoreada con harina.
4. Extiéndala con el rodillo hasta que tenga un grosor de 2-3 cm. Con un cortapastas de Ø 5 cm, corte círculos de masa y colóquelos en la bandeja preparada.
5. Hornee durante 12-15 minutos (200°C). Retire del horno, deje templar y sirva.

SUGERENCIA

- Vuelva a unir los restos de masa y repita la operación, pero tenga en cuenta que no quedarán con la misma textura.

INFORMACIÓN

- Los *scones* son panecillos individuales de forma redonda o triangular, típicos del Reino Unido y originarios de Escocia. Antiguamente se hacían con la nata que quedaba al hervir la leche. Para tomarlos, se separan por la mitad con los dedos y se sirven con nata y mermelada de fresa.

15 min | 30 min | baja | 30 unidades

Por unidad:
Energía 463 kJ / 111 kcal
Proteínas 2 g / Hidratos 15 g / Grasa 5 g
Colesterol 14 mg / Fibra <1 g

TARTALETAS DE UVAS

INGREDIENTES

Masa de tartaletas
150 g de harina de repostería
75 g de mantequilla fría, en trozos pequeños (y un poco más para engrasar los moldes)
1 pellizco de sal
35 g de azúcar glas
1 yema de huevo
1 cucharada de leche fría

Crema de relleno
70 g de azúcar
4 - 6 tiras de piel de limón (solo la parte amarilla)
100 g de nata (con 35% de grasa)
100 g de queso cremoso (p. ej. Philadelphia®)
2 huevos
20 g de mantequilla
1 cucharada de maicena
2 hojas de gelatina (hidratadas en agua fría 5 minutos)

Glaseado
50 g de azúcar
50 g de agua
1 cucharada de zumo de limón
2 hojas de gelatina (hidratadas en agua fría 5 minutos)

Montaje
50 - 60 uvas rojas

ACCESORIOS ÚTILES

moldes para tartaletas
rodillo
manga pastelera
pincel de repostería

PREPARACIÓN

Masa de tartaletas

1. Engrase con mantequilla 6 moldes de tartaletas de aprox. Ø 8 cm de base y reserve.
2. Ponga en el vaso los ingredientes de la masa y mezcle **15 seg/vel 6**. Retire la masa del vaso, divídala en 6 partes y forme 6 bolas.
3. Extiéndalas con un rodillo y forre los moldes preparados. Pinche la masa de las tartaletas con un tenedor y reserve en el congelador durante 10-15 minutos. Lave y seque el vaso y la tapa.
4. Precaliente el horno a 180ºC.
5. Hornee las tartaletas durante 15-18 minutos (180°C). Retire del horno, deje templar y desmolde.

Crema de relleno

6. Ponga en el vaso el azúcar y la piel de limón y pulverice **20 seg/vel 10**.
7. **Coloque la mariposa** en las cuchillas, añada la nata, el queso cremoso, los huevos, la mantequilla y la maicena y programe **5 min/100°C/vel 2.5**.
8. Incorpore las 2 hojas de gelatina hidratadas y escurridas y mezcle **15 seg/vel 2.5. Retire la mariposa**, vierta en una manga pastelera y deje enfriar totalmente. Rellene las tartaletas y reserve en el frigorífico de un día para otro.

Glaseado

9. Ponga en el vaso el azúcar, el agua y el zumo de limón y programe **4 min/100°C/vel 2**.
10. Añada las 2 hojas de gelatina hidratadas y escurridas y mezcle **10 seg/vel 3**. Vierta en un bol pequeño y deje templar a temperatura ambiente.

Montaje

11. Coloque encima de las tartaletas las uvas cortadas en mitades o cuartos y, con un pincel, pinte la superficie con el glaseado. Reserve en el frigorífico hasta el momento de servir.

VARIANTE
- Puede sustituir las uvas por cualquier otra fruta (frambuesas, fresas, mandarina, etc.).

25 min | 13 h | media | 6 unidades

Por unidad:
Energía 1.957 kJ / 468 kcal
Proteínas 12 g / Hidratos 44 g / Grasa 27 g
Colesterol 191 mg / Fibra 1 g

SUGERENCIA

- Prepare el glaseado justo en el momento de montar las tartaletas.

COQUITOS

INGREDIENTES
200 g de leche
170 g de azúcar
2 huevos
20 g de maicena
1 cucharadita de azúcar vainillado
25 g de miel
200 g de coco rallado

ACCESORIOS ÚTILES
bandeja de horno y papel de hornear
manga pastelera con boquilla rizada

PREPARACIÓN
1. Ponga en el vaso la leche, 70 g de azúcar, 1 huevo, la maicena y el azúcar vainillado. Mezcle **10 seg/vel 4** y programe **6 min/90°C/vel 3**. Retire el vaso de la máquina y deje templar.
2. Precaliente el horno a 180°C. Forre una bandeja de horno con papel de hornear.
3. Coloque el vaso en la máquina e incorpore 100 g de azúcar, 1 huevo, la miel y el coco. Mezcle **10 seg/vel 4**. Vierta en una manga pastelera con boquilla rizada y forme montoncitos en la bandeja preparada, de aprox. 4 cm de alto.
4. Hornee durante 15 minutos (180°C). Retire del horno, deje enfriar y sirva.

15 min | 50 min | baja | 30 unidades

Por unidad:
Energía 259 kJ / 62 kcal
Proteínas 1 g / Hidratos 8 g / Grasa 3 g
Colesterol 17 mg / Fibra <1 g

CANUTILLOS DE CREMA

INGREDIENTES

400 g de leche
4 huevos (1 batido para pintar la masa)
2 yemas de huevo
70 g de azúcar
10 g de azúcar vainillado
40 g de harina de repostería
1 lámina de masa de hojaldre extendida (aprox. 40x25 cm)
2 cucharaditas de mantequilla para untar los canutillos
2 cucharadas de coco rallado
2 cucharadas de granillo de almendra cruda
2 cucharadas de fideos de chocolate
1 cucharada de azúcar glas

ACCESORIOS ÚTILES

manga pastelera
bandeja de horno y papel de hornear
canutillos de metal
pincel de repostería

PREPARACIÓN

1. Ponga en el vaso la leche, 3 huevos, las yemas, el azúcar, el azúcar vainillado y la harina. Programe **7 min/100°C/vel 4**. Vierta la crema en una manga pastelera y deje enfriar (aprox. 2 horas).
2. Precaliente el horno a 200°C. Forre una bandeja de horno con papel de hornear.
3. Corte el hojaldre a lo largo para obtener tiras de 2,5 cm de ancho x 25 cm de largo. Enrolle las tiras en 16 canutillos de metal previamente untados con mantequilla y colóquelos en la bandeja preparada. Pincele con el huevo batido.
4. Hornee durante 12 minutos (200°C). Retire del horno y deje enfriar.
5. Retire los moldes y rellene los canutillos con la manga pastelera. Reboce la crema en el coco rallado, las almendras o los fideos de chocolate. Espolvoree con el azúcar glas y sirva.

VARIANTE

- También puede rellenar los canutillos de dulce de leche o nata.

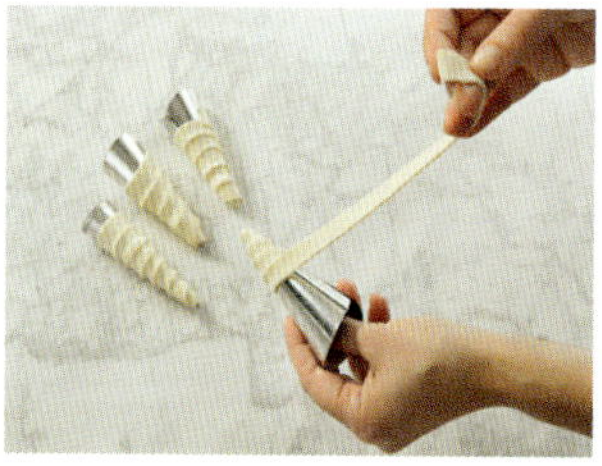

Paso 3

Paso 3

30 min | 3 h | media | 16 | 16 unidades

Por unidad:
Energía 673 kJ / 161 kcal
Proteínas 4 g / Hidratos 14 g / Grasa 10 g
Colesterol 99 mg / Fibra <1 g

CAROLINAS

INGREDIENTES

100 g de queso mascarpone
100 g de mermelada de albaricoque
18 tartaletas pequeñas de pasta brisa o de hojaldre
2 claras de huevo
100 g de agua
240 g de azúcar
2 yemas de huevo
2 hojas de gelatina (hidratadas 5 minutos en agua fría)
50 g de chocolate *fondant* (mín. 50% de cacao)

ACCESORIOS ÚTILES

manga pastelera con boquilla

PREPARACIÓN

1. Mezcle en un bol el queso mascarpone con la mermelada, rellene las tartaletas con la mezcla y reserve.
2. **Coloque la mariposa** en las cuchillas, ponga las claras, 50 g de agua y 200 g de azúcar y monte **10 min/50°C/vel 3.5**. Ponga el merengue en una manga pastelera y forme conos sobre las tartaletas. Lave el vaso.
3. Ponga 30 g de agua y 40 g de azúcar y, sin poner el cubilete, programe **5 min/120°C/vel 1**. Mientras tanto, mezcle las yemas en un bol con 10 g de agua. Vierta el almíbar a hilo sobre las yemas removiendo al mismo tiempo.
4. Ponga la mezcla de yemas y almíbar en el vaso y programe **1 min/100°C/vel 1**.
5. Agregue alrededor de las cuchillas 1 hoja de gelatina y mezcle **10 seg/vel 1**. Retire la crema de yemas a un bol y deje templar aprox. 10 minutos.
6. Ponga el chocolate en un bol y fúndalo en el microondas. Agregue al chocolate fundido 1 cucharada de agua (10 g) y 1 hoja de gelatina (hidratada y escurrida). Mezcle bien y vierta una cucharadita sobre el merengue de tal manera que baje por ambos lados. Haga lo mismo con una cucharadita de la crema de yemas en otro ángulo. Reserve en el frigorífico hasta el momento de servir.

INFORMACIÓN

- Las carolinas son típicas de Bilbao.

30 min | 50 min | baja | 18 unidades

Por unidad:
Energía 542 kJ / 130 kcal
Proteínas 2 g / Hidratos 20 g / Grasa 5 g
Colesterol 23 mg / Fibra <1 g

ALFAJORES RELLENOS DE DULCE DE LECHE

INGREDIENTES

250 g de harina de repostería (y un poco más para espolvorear)
200 g de maicena
200 g de mantequilla en trozos (a temperatura ambiente)
200 g de azúcar
2 huevos
2 yemas de huevo
1 sobre de levadura química en polvo
400 g de dulce de leche
100 g de coco rallado

ACCESORIOS ÚTILES

film transparente
bandeja de horno y papel de hornear
cortapastas (Ø 4 cm)
rodillo

PREPARACIÓN

1. Ponga en el vaso la harina, la maicena, la mantequilla, el azúcar, los huevos, las yemas y la levadura. Introduzca la espátula por la abertura y mezcle **30 seg/vel 6**. Retire la masa del vaso, amásela ligeramente sobre la superficie de trabajo y forme una bola. Reserve envuelta en film transparente en el frigorífico (30 minutos).
2. Precaliente el horno a 180°C. Forre una bandeja de horno con papel de hornear.
3. Tome una cuarta parte de la masa y, con el rodillo, extiéndala sobre una superficie espolvoreada con harina o entre dos plásticos, creando una lámina de unos 5 mm de grosor. Con un cortapastas redondo, haga discos de Ø 4 cm y colóquelos en la bandeja preparada (aprox. 20 discos).
4. Hornee durante 7 minutos (180°C). Repita la operación con el resto de la masa.
5. Una las galletitas de dos en dos con dulce de leche y hágalas rodar por el coco rallado rebozando el borde. Sirva o conserve en un recipiente hermético.

SUGERENCIAS

- Para rellenarlos, utilice un dulce de leche de consistencia espesa.
- Puede bañar algunos con chocolate fundido en lugar de pasarlos por coco rallado.

INFORMACIÓN

- Receta facilitada por Emma Argibay Cacabelos.

20 min | 1 h 20 min | media | 40 40 unidades

Por unidad:
Energía 600 kJ / 144 kcal
Proteínas 3 g / Hidratos 18 g / Grasa 7 g
Colesterol 39 mg / Fibra <1 g

MIERENSINAS

INGREDIENTES

Masa

330 g de harina de repostería
170 g de mantequilla (a temperatura ambiente) en trozos
80 g de azúcar glas
1 huevo

Compota de manzana

1 - 2 manzanas reineta sin piel ni semillas y en trozos (aprox. 200 g)
1 cucharadita de zumo de limón
1 cucharada de azúcar
1 cucharada de agua
1 pellizco de azúcar vainillado

Relleno

120 g de avellanas tostadas
120 g de azúcar
120 g de harina de repostería
1 huevo

Montaje y decoración

½ manzana cortada en láminas finas
12 - 16 avellanas tostadas
1 - 2 cucharadas de jalea de manzana para dar brillo o de mermelada de albaricoque

ACCESORIOS ÚTILES

film transparente
8 moldes de tartaleta (Ø 10 cm)
pincel de repostería

PREPARACIÓN

Masa

1. Ponga en el vaso la harina, la mantequilla, el azúcar y el huevo. Mezcle **10 seg/vel 6**. Retire la masa del vaso y reserve en el frigorífico envuelta con film transparente.

Compota de manzana

2. Ponga en el vaso la manzana, el zumo de limón, el azúcar, el agua y el azúcar vainillado. Programe **5 min/100°C/vel 1**. Triture **15 seg/vel 5**, retire del vaso y deje enfriar (aprox. 20 minutos). Lave y seque el vaso.

Relleno

3. Ponga en el vaso las avellanas y triture **5 seg/vel 5**.
4. Añada el azúcar, la compota de manzana reservada, la harina y el huevo y mezcle **30 seg/vel 5**. Reserve en el vaso.

Montaje y decoración

5. Precaliente el horno a 200°C.
6. Retire la masa del frigorífico y forre con ella 8 moldes de tartaletas de Ø 10 cm. Vierta el relleno sobre la masa y coloque encima 2-3 láminas de manzana y 1-2 avellanas.
7. Hornee durante 20-30 minutos (180°C). Retire las mierensinas del horno y cuando estén templadas, desmóldelas. Píntelas con la jalea de manzana para que queden brillantes y sirva.

SUGERENCIA

- Puede preparar con las mismas cantidades 12 unidades en un molde de *muffins*.

INFORMACIÓN

- Postre creado en el año 2005 para un concurso promovido por el Ayuntamiento de Mieres (Asturias), con el objetivo de crear un postre típico de la región. Desde ese año, la mierensina pasó a ser el postre oficial.

20 min | 1 h 10 min | media | 8 unidades

Por unidad:
Energía 2.544. kJ / 608 kcal
Proteínas 10 g / Hidratos 74 g / Grasa 31 g
Colesterol 113 mg / Fibra 4 g

MINICANNELÉS BORDELAIS

INGREDIENTES

100 g de harina de repostería
250 g de azúcar
500 g de leche
50 g de mantequilla
1 vaina de vainilla (abierta por la mitad y raspada)
4 huevos
2 yemas de huevo
70 g de ron tostado

ACCESORIOS ÚTILES

colador
recipiente hermético
moldes de *minicannelés*

PREPARACIÓN

1. Coloque un bol sobre la tapa del vaso, pese la harina y reserve.
2. Ponga en el vaso el azúcar y pulverice **15 seg/vel 10**. Retire a un bol y reserve.
3. Ponga en el vaso la leche, la mantequilla y la raspadura de la vaina de vainilla. Programe **7 min/100°C/vel 2**. Deje en infusión dentro del vaso durante 1 hora y cuele la mezcla.
4. **Coloque la mariposa** en las cuchillas, ponga los huevos, las yemas y el azúcar glas reservado y bata **3 min/vel 3**.
5. Añada el ron, programe **1 min 30 seg/vel 2** y vaya añadiendo la harina reservada y la infusión de leche por la abertura. Vierta la mezcla en un recipiente hermético y deje reposar 24 horas en el frigorífico.
6. Precaliente el horno a 270°C.
7. Remueva la mezcla con la espátula o unas varillas y viértala en los moldes de *minicannelés* previamente engrasados (si son de silicona, no es necesario engrasarlos).
8. Hornee los *cannelés* durante 10 minutos a 270°C, baje la temperatura del horno a 180°C y hornee otros 35 minutos. Retire del horno, desmolde y sirva.

INFORMACIÓN

- Los moldes originales con los que se horneaban eran moldes especiales de cobre cuyo interior se recubría de cera.
- Los *cannelés* son pequeños bizcochos típicos de la ciudad francesa de Burdeos. Presentan un característico aspecto cilíndrico con bordes estriados, lo que les vale su nombre (que viene del idioma gascón *canelat*, que quiere decir canalón).
- Existen en tres tamaños y acompañan tradicionalmente los desayunos y las meriendas. Los más pequeños se sirven a menudo en cócteles o como *mignardise* (miniatura) para acompañar un café, y los más grandes se consumen preferentemente como postre al final de una comida.

15 min | 1 d 2 h | media | 20 unidades

Por unidad:
Energía 529 kJ / 127 kcal
Proteínas 3 g / Hidratos 17 g / Grasa 5 g
Colesterol 80 mg / Fibra <1 g

PASTELES DE CHOCOLATE Y VAINILLA

INGREDIENTES

Bizcocho de chocolate sin harina

250 g de chocolate *fondant* (mín. 50% de cacao) en trozos
60 g de mantequilla
3 huevos
4 claras de huevo
85 g de azúcar

***Mousse* de chocolate**

200 g de chocolate *fondant* (mín. 50% de cacao) en trozos
400 g de nata (con 35% de grasa) bien fría
60 g de leche
2 yemas de huevo
35 g de azúcar

ACCESORIOS ÚTILES

bandeja de horno 30 x 40 cm
papel de hornear
molde extensible rectangular (30 x 40 cm)
film transparente
colador

PREPARACIÓN

Bizcocho de chocolate sin harina

1. Precaliente el horno a 200°C. Forre una bandeja de horno (de 30x40 cm) con papel de hornear y reserve.
2. Ponga el chocolate en el vaso y ralle **10 seg/vel 7**.
3. Con la espátula, baje el chocolate hacia el fondo del vaso, añada la mantequilla y funda **2 min/70°C/vel 2**. Retire del vaso y reserve.
4. **Coloque la mariposa** en las cuchillas, ponga los huevos, las claras y el azúcar y bata **4 min/37°C/vel 4**. Bata de nuevo **4 min/vel 4** (sin temperatura).
5. Incorpore la crema de chocolate y mantequilla reservada y mezcle **10 seg/vel 3**. Vierta la preparación en la bandeja de horno preparada y extiéndala bien.
6. Hornee durante 8-9 minutos (200°C). Retire y deje enfriar. Lave y seque el vaso, la tapa y la mariposa.
7. Corte los bordes del bizcocho para obtener un rectángulo de 25x30 cm. Coloque el bizcocho en la base de un molde extensible rectangular, ajústelo al bizcocho y reserve.

***Mousse* de chocolate**

8. Ponga el chocolate y ralle **10 seg/vel 7**. Retire y reserve.
9. **Coloque la mariposa** en las cuchillas, vierta 300 g de nata y programe **vel 3.5**, hasta que esté montada pero cremosa (semimontada). **Retire la mariposa**, ponga la nata en un bol y reserve en el frigorífico.
10. Ponga en el vaso los 100 g de nata restantes, la leche, las yemas y el azúcar y programe **4 min/80°C/vel 2**.
11. Añada el chocolate rallado reservado y mezcle **30 seg/vel 6**. Retire el vaso de la máquina y deje templar (aprox. 15-20 minutos). Añada la nata semimontada reservada en el frigorífico y mezcle suavemente con la espátula. Vierta la mezcla sobre la plancha de bizcocho y reserve en el frigorífico, cubierto con film transparente, hasta que cuaje. Lave y seque el vaso, la tapa y la mariposa.

Continúa en la página 158 ▶

45 min | 11 h | alta | 24 unidades

Por unidad:
Energía 1.342 kJ / 321 kcal
Proteínas 4 g / Hidratos 26 g / Grasa 22 g
Colesterol 111 mg / Fibra 2 g

Paso 7

Paso 16

► Pasteles de chocolate y vainilla, continuación de la página **156**

INGREDIENTES

Crema de vainilla

480 g de nata (con 35% de grasa) bien fría
130 g de leche
60 g de azúcar
3 yemas de huevo
1 vaina de vainilla bourbon (solo la raspadura)
20 g de maicena
2½ hojas de gelatina

Glaseado de chocolate

120 g de nata (con 35% de grasa)
140 g de agua
180 g de azúcar
60 g de cacao puro en polvo
8 hojas de gelatina (16 g)

Sugerencia

PREPARACIÓN

Crema de vainilla

12. **Coloque la mariposa** en las cuchillas, vierta 370 g de nata y programe **vel 3.5**, hasta que esté semimontada. **Retire la mariposa**, ponga la nata en un bol y reserve en el frigorífico. Lave y seque el vaso.
13. Ponga en el vaso los 110 g de nata restantes, la leche, el azúcar, las yemas, la raspadura de vainilla y la maicena. Programe **5 min/90°C/vel 2**. Mientras tanto, hidrate las hojas de gelatina en agua fría.
14. Añada las hojas de gelatina bien escurridas y mezcle **30 seg/vel 6**. Retire el vaso de la máquina y deje templar (aprox. 20-25 minutos). Añada la nata semimontada reservada en el frigorífico y mezcle suavemente con la espátula. Vierta la crema en el molde sobre la *mousse* de chocolate cuajada. Reserve en el frigorífico (cubierto con film transparente) hasta que cuaje. Lave y seque el vaso y la tapa.

Glaseado de chocolate

15. Ponga en el vaso la nata, el agua, el azúcar y el cacao puro en polvo. Programe **8 min/100°C/vel 5**. Mientras tanto, hidrate las hojas de gelatina en agua fría.
16. Añada la gelatina bien escurrida y mezcle **30 seg/vel 5**. Vierta en un bol a través de un colador, cubra con film transparente pegado a la mezcla para que no forme costra y deje templar. Vierta en el molde sobre la crema de vainilla cuajada y reserve en el frigorífico durante un mínimo de 4 horas. Corte en porciones y sirva.

SUGERENCIAS

- Puede decorar con filigranas de chocolate, frutos rojos, etc.
- Puede congelar la tarta completa y sacarla 2 horas antes de servir.
- Si utiliza un molde no desmontable, deberá proceder al revés, es decir, primero ponga la crema de vainilla, cuando esté cuajada vierta la *mousse* de chocolate y finalmente cubra con el bizcocho, ya que para desmoldar tendrá que darle la vuelta. Después de mantener durante 4 horas como mínimo en el frigorífico, desmolde y distribuya por la superficie de la tarta el glaseado de chocolate. Deje enfriar y sirva.

TOCINO DE CIELO

INGREDIENTES

140 g de azúcar
270 g de agua (200 g para el vapor)
30 g de caramelo líquido
7 yemas de huevo

ACCESORIOS ÚTILES

moldes individuales de flan
colador
papel de aluminio

PREPARACIÓN

1. Ponga en el vaso el azúcar y 70 g de agua y programe **5 min/100°C/vel ↺**. Mientras tanto, reparta el caramelo en 6 moldes individuales de flan (metálicos). Retire el almíbar del vaso y reserve. Aclare el vaso.
2. Ponga en el vaso las yemas y bata **10 seg/vel 2**. Después, programe **vel 2** y vaya añadiendo el almíbar por la abertura. Retire del vaso y reserve. Aclare el vaso.
3. Ponga en el vaso el 200 g de agua y caliente **4 min/100°C/vel ↺**. Mientras tanto, vierta la mezcla de huevos y almíbar a través de un colador en los moldes caramelizados y tápelos con 1 trozo de papel de aluminio. Colóquelos en el recipiente Varoma, tape y reserve.
4. Sitúe el Varoma en su posición y programe **15 min/Varoma/vel ↺**. Retire el Varoma, quite el papel de aluminio de los moldes y deje enfriar. Reserve en el frigorífico un mínimo de 4 horas antes de servir.

SUGERENCIA

- Es aconsejable tomar el tocinillo del cielo muy frío.

15 min | 4 h 30 min | media | 6 raciones

Por ración:
Energía 812 kJ / 194 kcal
Proteínas 4 g / Hidratos 28 g / Grasa 7 g
Colesterol 257 mg / Fibra 0 g

YEMAS

INGREDIENTES

100 g de yemas de huevo
150 g de azúcar
50 g de agua
15 g de maicena
3 - 4 cucharadas de azúcar glas (para rebozar)

ACCESORIOS ÚTILES

film transparente
cápsulas de papel pequeñas

PREPARACIÓN

1. Ponga en el vaso las yemas, el azúcar, el agua y la maicena. Programe **7 min 30 seg/Varoma/vel 5**. Vierta en un bol y cubra con film transparente pegado a la crema para que no forme costra. Deje templar y reserve en el frigorífico un mínimo de 4 horas.
2. Con la ayuda de dos cucharas pequeñas, vaya formando las yemas, rebócelas en el azúcar glas y colóquelas en cápsulas de papel. Reserve en el frigorífico hasta el momento de consumirlas.

20 min | 4 h 20 min | baja | 24 unidades

Por unidad:
Energía 185 kJ / 44 kcal
Proteínas <1 g / Hidratos 7 g / Grasa 1 g
Colesterol 46 mg / Fibra <1 g

CAKE POPS

INGREDIENTES

Bizcocho

1 cucharadita de mantequilla para engrasar el molde
2 huevos
80 g de azúcar
½ cucharadita de azúcar vainillado
60 g de harina de repostería (y un poco más para enharinar el molde)
1 pellizco de sal

Relleno y decoración

200 g de queso mascarpone
250 g de chocolate blanco en trozos
2 cucharadas de perlas de azúcar para decorar

ACCESORIOS ÚTILES

molde desmontable (Ø 22 cm)
bandeja
brochetas de madera

PREPARACIÓN

Bizcocho

1. Precaliente el horno a 180°C. Engrase con mantequilla y enharine un molde desmontable de Ø 22 cm. Reserve.
2. **Coloque la mariposa** en las cuchillas, ponga en el vaso los huevos, el azúcar y el azúcar vainillado y bata **6 min/37°C/vel 4**. Después, bata **6 min/vel 4** sin temperatura.
3. Añada la harina y la sal alrededor de la mariposa y mezcle **4 seg/vel 3**. **Retire la mariposa** y termine de mezclar suavemente con la espátula. Vierta la mezcla en el molde preparado y extiéndala por toda la superficie con la espátula.
4. Hornee durante 10-12 minutos (180°C) o hasta ver dorada la superficie. Retire del horno y deje enfriar. Lave y seque el vaso y la tapa.

Relleno y decoración

5. Cuando el bizcocho esté frío, córtelo en trozos y póngalos en el vaso. Triture **2 seg/vel 5**.
6. Añada el queso mascarpone y mezcle **10 seg/vel 4**.
7. Con la espátula baje la mezcla hacia el fondo del vaso y mezcle de nuevo **10 seg/vel 4**. Retire la mezcla del vaso y, con las manos, vaya formando bolas de aprox. Ø 3 cm. Colóquelas en una bandeja y reserve en el frigorífico (aprox. 20 minutos). Lave y seque perfectamente el vaso y la tapa.
8. Coloque 50 g de chocolate blanco en un bol y fúndalo en el microondas a intervalos cortos, mezclando cada vez para que no se queme. Moje la punta roma de los palos de brocheta en el chocolate y pinche cada bolita de bizcocho sin pasar de la mitad. Deje reposar en el frigorífico durante otros 30 minutos.
9. Ponga en el vaso 200 g de chocolate blanco y ralle **10 seg/vel 8**.
10. Con la espátula, baje el chocolate hacia el fondo del vaso. Añada el chocolate sobrante de mojar las brochetas y funda **4 min/50°C/vel 2**. Vierta el chocolate fundido en otro bol y bañe las bolitas de bizcocho en el chocolate, dejando que escurra para que no quede una capa muy gruesa. Decore a su gusto con bolitas de colores, dibujos de chocolate, etc. Pínchelos en una superficie de porexpan o una caja de cartón hasta que se sequen y reserve en el frigorífico hasta el momento de servir.

1 h · 2 h · media · 16 · 16 unidades

Por unidad:
Energía 776 kJ / 186 kcal
Proteínas 6 g / Hidratos 19 g / Grasa 10 g
Colesterol 44 mg / Fibra <1 g

SUGERENCIA

- Es importante que el chocolate fundido esté en su punto óptimo, por lo cual tendrá que calentarlo de vez en cuando hasta terminar de bañar todos los *cake pops*.
- Puede dividir el chocolate blanco en 2-3 boles y teñirlo de diferentes colores.

VARIANTE

- Puede introducir trozos de frutos secos en la masa, antes de formar las bolitas.

DULCES DE SARTÉN

Recetas elaboradas con ingredientes básicos para cuando echamos de menos los sabores de toda la vida. Los fritos más tradicionales con esos aromas que nunca se olvidan.

ROSQUILLAS

INGREDIENTES

Masa

200 g de azúcar
10 tiras de piel de limón (solo la parte amarilla)
100 g de aceite de girasol (y un poco más para engrasar)
3 huevos
50 g de licor de anís
500 g de harina de repostería
1 sobre de levadura química
1 pellizco de sal

Fritura

500 g de aceite para freír
100 g de azúcar

ACCESORIOS ÚTILES

papel de cocina
sartén honda (para freír)

PREPARACIÓN

Masa

1. Ponga en el vaso el azúcar y la piel de limón y pulverice **30 seg/vel 10**.
2. Con la espátula, baje los ingredientes hacia el fondo del vaso y añada el aceite de girasol, los huevos y el licor de anís. Mezcle **10 seg/vel 4**.
3. Añada 250 g de harina, la levadura y la sal y mezcle **8 seg/vel 6**.
4. Incorpore 250 g de harina y mezcle **15 seg/vel 6**. Retire del vaso a un bol previamente untado con aceite.

Fritura

5. Caliente el aceite a fuego medio en una sartén honda para freír. Con las manos untadas en aceite, forme bolas (10-12 g) del tamaño de una nuez. Únalas de dos en dos y presione en el centro con el dedo para formar las rosquillas abriéndolas un poco. Vaya friéndolas en el aceite caliente. Escúrralas sobre papel de cocina y rebócelas en el azúcar. Deje enfriar y sirva o conserve en un recipiente hermético.

SUGERENCIA

- Puede hacer las rosquillas simples haciendo bolas de aprox. 20-25 g.

30 min | 30 min | baja | 40 unidades

Por unidad:
Energía 501 kJ / 120 kcal
Proteínas 2 g / Hidratos 16 g / Grasa 5 g
Colesterol 18 mg / Fibra <1 g

CAÑAS DE NATA

INGREDIENTES

Masa
100 g de aceite de girasol
100 g de vino moscatel
280 g de harina de repostería
1 pellizco de sal

Fritura y montaje
500 g de aceite para freír
700 g de nata montada
2 cucharadas de azúcar glas (para espolvorear)

ACCESORIOS ÚTILES
rodillo
tubos de acero de Ø 2-3 cm x 15 cm
sartén honda (para freír)
papel de cocina

PREPARACIÓN

Masa
1. Ponga en el vaso el aceite y el vino moscatel y mezcle **10 seg/vel 3.5**.
2. Incorpore la harina y la sal y mezcle **15 seg/vel 6**.
3. Con la espátula, baje los ingredientes hacia el fondo del vaso y mezcle de nuevo **10 seg/vel 6**. Ponga la masa sobre la superficie de trabajo y estírela con el rodillo hasta que quede muy fina (aprox. 2-3 mm).
4. Corte la masa en tiras de 12 cm de ancho. Coloque un tubo de acero o caña al principio de la masa y envuélvalo con la masa de manera que quede superpuesta. Pegue los bordes humedeciéndolos con un poco de agua.

Fritura y montaje
5. Caliente el aceite en una sartén y vaya friendo las cañas por tandas. Despréndalas del molde y póngalas sobre papel absorbente.
6. Una vez frías, rellene las cañas con la nata montada. Espolvoree con azúcar glas antes de servir.

VARIANTE
- Puede rellenarlas con crema pastelera.

30 min | 30 min | media | 14 unidades

Por unidad:
Energía 1.486 kJ / 355 kcal
Proteínas 3 g / Hidratos 18 g / Grasa 30 g
Colesterol 55 mg / Fibra <1 g

FRITOS DE MANZANA

INGREDIENTES
200 g de harina de repostería
1 pellizco de sal
200 g de cerveza
60 g de azúcar
20 g de aceite de oliva virgen extra
1 huevo
500 g de aceite para freír
3 manzanas (peladas, descorazonadas y en rodajas de 5 mm)

ACCESORIOS ÚTILES
sartén honda (para freír)
papel de cocina

PREPARACIÓN
1. Ponga en el vaso la harina, la sal, la cerveza, 10 g de azúcar, el aceite de oliva y el huevo y mezcle **30 seg/vel 5**. Vierta la mezcla en un bol y deje reposar al menos 15 minutos.
2. Caliente el aceite para freír en una sartén honda, bañe las rodajas de manzana en la masa y fríalas hasta que estén doradas. Escurra sobre papel absorbente y espolvoree con 50 g de azúcar antes de servir.

SUGERENCIA
- Para evitar que las manzanas se oxiden, frótelas con medio limón una vez peladas.

20 min | 35 min | baja | 36 unidades

Por unidad:
Energía 269 kJ / 64 kcal
Proteínas <1 g / Hidratos 7 g / Grasa 4 g
Colesterol 7 mg / Fibra <1 g

BUÑUELOS DE VIENTO

INGREDIENTES

250 g de agua
50 g de mantequilla
50 g de manteca de cerdo
1 pellizco de sal
1 cucharadita de azúcar
170 g de harina de repostería
½ cucharadita de levadura química en polvo
4 huevos
500 g de aceite para freír
1000 g de nata montada
200 - 300 g de azúcar glas para espolvorear

ACCESORIOS ÚTILES

manga pastelera con boquilla
tabla de cortar
bol grande de semiesfera
sartén honda (para freír)
manga pastelera con boquilla lisa para inyectar

PREPARACIÓN

1. Ponga el agua, la mantequilla, la manteca, la sal y el azúcar. Caliente **4 min/100°C/vel 2**.
2. Añada la harina y la levadura y mezcle **15 seg/vel 4**. Retire el vaso de la máquina y deje enfriar (aprox. 10 minutos).
3. Coloque el vaso en la máquina. Sin poner el cubilete, programe **vel 4** y añada los huevos uno a uno a través de la abertura (no incorpore el siguiente hasta que esté integrado el anterior). Vierta la masa en una manga pastelera con boquilla lisa de 2 cm y deje reposar durante 10 minutos.
4. Caliente el aceite en una sartén honda a fuego medio. Coloque la manga pastelera sobre una tabla y ésta apoyada en un bol puesto del revés, de manera que la boca de la manga pastelera quede situada a 2-3 cm por encima del borde de la sartén.
5. Presione la manga y según salga la masa en cordón, vaya cortando con un cuchillo trozos iguales (aprox. 2 cm), que caerán en el aceite. Manténgalos hasta que se hinchen y doren. Retire a una fuente sobre papel absorbente y deje enfriar. Repita la operación hasta acabar con toda la masa.
6. Rellene los buñuelos inyectándoles la nata montada. Sirva espolvoreados con el azúcar glas.

SUGERENCIAS

- Fría los buñuelos en tandas de 12-14 unidades.
- Puede tomarlos calientes, sin rellenar, espolvoreados con azúcar y canela.
- Puede rellenarlos a su gusto (con crema pastelera, de trufa, de limón, de café, etc.).

40 min | 1 h | media | 80 unidades

Por unidad:
Energía 258 kJ / 62 kcal
Proteínas <1 g / Hidratos 5 g / Grasa 4 g
Colesterol 14 mg / Fibra <1 g

PESTIÑOS BORRACHUELOS

INGREDIENTES

Masa

250 g de harina de repostería (y un poco más para espolvorear)
50 g de licor de anís
50 g de manteca de cerdo
50 g de agua
½ cucharadita de sal
300 - 400 g de aceite para freír

Almíbar de miel y moscatel

200 g de miel
100 g de vino dulce (moscatel)

ACCESORIOS ÚTILES

rodillo
papel de cocina
sartén honda (para freír)

PREPARACIÓN

Masa

1. Ponga en el vaso la harina, el anís, la manteca de cerdo, el agua y la sal y mezcle **12 seg/vel 6**. Deje reposar la masa en el vaso durante 15 minutos. Ponga la masa sobre una superficie de trabajo espolvoreada con harina. Lave el vaso.
2. Con ayuda del rodillo, extienda la masa en una pieza o en porciones. Corte los pestiños en rectángulos de aprox. 4x10 cm. Retuerza por el centro girando cada extremo hacia lados opuestos y selle el pliegue central con agua para que no se abran al freír.
3. Fríalos en el aceite caliente y escúrralos sobre papel absorbente.

Almíbar de miel y moscatel

4. Ponga en el vaso limpio la miel y el vino y programe **5 min/Varoma/vel 1**. Vierta el almíbar en un bol y deje templar.
5. Bañe los pestiños en el almíbar, colóquelos en una fuente y sirva.

SUGERENCIA

- Si le sobra almíbar, viértalo sobre los pestiños.

INFORMACIÓN

- Receta facilitada por Mª Eugenia Martínez Rodríguez.

25 min | 50 min | media | 30 30 unidades

Por unidad:
Energía 391 kJ / 94 kcal
Proteínas <1 g / Hidratos 11 g / Grasa 5 g
Colesterol 2 mg / Fibra <1 g

LECHE FRITA

INGREDIENTES

1000 g de leche entera
250 g de azúcar
200 g de harina de repostería
50 g de maicena
1½ cucharaditas de canela molida
1 pellizco de sal
2 huevos batidos (para rebozar)
300 g de aceite para freír

ACCESORIOS ÚTILES

molde cuadrado (aprox. 25 x 25 cm)
sartén honda (para freír)

PREPARACIÓN

1. Ponga en el vaso la leche, 150 g de azúcar, 100 g de harina, la maicena, ½ cucharadita de canela y la sal. Sin poner el cubilete, programe **12 min/100°C/vel 4**. Vierta la crema en un molde de silicona cuadrado de aprox. 25x25 cm (tiene que quedar de un espesor de aprox. 2 cm), deje enfriar y reserve en el frigorífico durante aprox. 2 horas o hasta que esté bien cuajada.
2. Corte la crema fría en 24 porciones, páselas por harina (los 100 g restantes) y huevo batido y fríalas en abundante aceite caliente. Rebócelas en una mezcla de 100 g de azúcar y 1 cucharadita de canela y sirva.

SUGERENCIA

- Si no dispone del molde de silicona, puede forrar un molde de otro material con film transparente.

30 min

2 h 45 min

baja

24 unidades (porciones)

Por unidad (porción):
Energía 541 kJ / 130 kcal
Proteínas 3 g / Hidratos 20 g / Grasa 4 g
Colesterol 13 mg / Fibra <1 g

ROSQUILLAS AMERICANAS *(DOUGHNUTS)*

INGREDIENTES

Masa madre
300 g de leche
30 g de levadura prensada fresca
1 cucharadita de azúcar
130 g de harina de fuerza

Rosquillas
2 huevos
2 yemas de huevo
120 g de azúcar
550 g de harina de fuerza (y un poco más para trabajar la masa)
½ cucharadita de sal
120 g de mantequilla a temperatura ambiente (en trozos pequeños)

Para freír y rebozar
1000 g de aceite para freír
4 cucharadas de azúcar
1 cucharada colmada de canela molida

ACCESORIOS ÚTILES
paño de cocina
sartén honda (para freír)
papel de cocina
rejilla

PREPARACIÓN

Masa madre
1. Ponga en el vaso la leche, la levadura y el azúcar y caliente **1 min/37°C/vel 1**.
2. Añada la harina y mezcle **30 seg/vel 3**. Deje reposar la masa dentro del vaso hasta que aparezcan burbujas en la superficie (aprox. 15-20 minutos).

Rosquillas
3. Añada al vaso los huevos, las yemas y el azúcar. Mezcle **10 seg/vel 4**.
4. Agregue la harina y la sal y amase **3 min/**. Después, amase **2 min/** y vaya añadiendo la mantequilla por la abertura. Deje reposar la masa en el vaso hasta que doble su volumen (aprox. 40 minutos).
5. Con la espátula, baje la masa hacia el fondo del vaso y amase **1 min/**. Retire la masa sobre la superficie de trabajo espolvoreada con harina (es una masa blanda).
6. Amásela ligeramente para sacarle el aire y forme un cilindro. Divida la masa en 24 porciones iguales (de aprox. 55 g). Haga una bola con cada porción y, con los dedos, abra un agujero de Ø 4 cm en el centro. Coloque los aros de masa sobre una superficie espolvoreada con harina, cúbralos con un paño y déjelos reposar hasta que doblen su volumen (aprox. 30 minutos).

Para freír y rebozar
7. Fría las rosquillas en una sartén honda con abundante aceite (no debe estar muy caliente) durante casi 1 minuto por lado. Colóquelas sobre papel absorbente y después sobre una rejilla para enfriarlas.
8. Sirva rebozadas en una mezcla de azúcar y canela.

VARIANTE
- Puede preparar un baño de azúcar o chocolate. Sumerja las rosquillas y deje escurrir sobre una rejilla.

40 min | 2 h 10 min | media | 24 unidades

Por unidad:
Energía 755 kJ / 181 kcal
Proteínas 4 g / Hidratos 24 g / Grasa 8 g
Colesterol 39 mg / Fibra 1 g

FRITILLAS

INGREDIENTES

Masa
8 - 10 tiras de piel de naranja
100 g de agua
100 g de vino blanco
100 g de aceite de girasol
½ cucharadita de sal
500 g de harina de repostería

Terminación
500 g de aceite de girasol para freír
50 g de azúcar para espolvorear

ACCESORIOS ÚTILES
film transparente
sartén honda (para freír)
papel de cocina

PREPARACIÓN

Masa
1. Ponga en el vaso la piel de naranja y ralle **10 seg/vel 10**.
2. Con la espátula, baje la piel de naranja hacia el fondo del vaso y ralle **20 seg/vel 7**.
3. Incorpore el agua, el vino, el aceite y la sal. Caliente **1 min/37°C/vel 2**.
4. Añada la harina y amase **1 min/**. Vierta la masa en un bol, tápelo con film transparente y deje reposar durante aprox. 20 minutos.

Terminación
5. Con las manos mojadas en aceite, haga pequeñas bolas de masa (de aprox. 30 g), extiéndalas con los dedos dejándolas lo más finas posible (aprox. Ø 15 cm) y fríalas en el aceite caliente. Deles la vuelta para que se doren por ambos lados y retírelas sobre papel absorbente. Espolvoréelas con el azúcar antes de servir.

INFORMACIÓN
- Receta facilitada por Angelines Turégano.

15 min | 35 min | baja | 24 unidades

Por unidad:
Energía 601 kJ / 145 kcal
Proteínas 2 g / Hidratos 17 g / Grasa 7 g
Colesterol 0 mg / Fibra <1 g

ROSCOS CHICLANEROS

INGREDIENTES

120 g de azúcar
8 tiras de piel de limón (solo la parte amarilla)
4 huevos
80 g de aguardiente blanco
100 g de aceite de oliva virgen extra (y un poco más para engrasar las manos)
200 g de leche
3 sobres de gaseosa (dobles)
820 g de harina de repostería
1000 g de aceite para freír
200 - 300 g de azúcar glas (para rebozar)

ACCESORIOS ÚTILES

sartén honda (para freír)
papel de cocina

PREPARACIÓN

1. Ponga en el vaso el azúcar y la piel de limón y pulverice **20 seg/vel 10**.
2. Con la espátula, baje los ingredientes hacia el fondo del vaso, incorpore los huevos y bata **2 min/37°C/vel 4**.
3. Añada el aguardiente, el aceite de oliva, la leche y los sobres de gaseosa y mezcle **15 seg/vel 4**.
4. Incorpore la harina y mezcle **15 seg/vel 6**. Después, amase **1 min/**. Deje reposar la masa en el vaso durante 15 minutos.
5. Ponga a calentar el aceite y cuando humee, ponga el fuego a media temperatura.
6. Con las manos aceitadas, forme bolitas con la masa. Júntelas de dos en dos (aprox. 25 g) y haga con los dedos el agujero apretando en el centro. Fríalas en el aceite, retire sobre papel absorbente y deje templar. Reboce los roscos en el azúcar glas antes de servir.

SUGERENCIA

- Puede hacer la mitad de la receta utilizando la mitad de los ingredientes sin cambiar la programación.

INFORMACIÓN

- Receta facilitada por Aurora Megías.

45 min

1 h

media

60

60 unidades

Por unidad:
Energía 360 kJ / 86 kcal
Proteínas 2 g / Hidratos 12 g / Grasa 3 g
Colesterol 14 mg / Fibra <1 g

GOFRES DE SARTÉN

INGREDIENTES

Masa

2 huevos
300 g de leche
1 pellizco de sal
20 g de vainilla líquida
2 cucharaditas de azúcar vainillado
50 g de azúcar
220 g de harina de repostería
1 sobre de levadura química en polvo
120 g de mantequilla fundida (y un poco más para la sartén)

Acompañamiento

300 g de nata montada
250 g de chocolate *fondant* (mín. 50% de cacao) fundido

ACCESORIOS ÚTILES

sartén plancha

PREPARACIÓN

1. Ponga en el vaso los huevos, la leche, la sal, la vainilla, el azúcar vainillado y el azúcar. Mezcle **10 seg/vel 3**.
2. Añada la harina, la levadura y la mantequilla fundida y mezcle **10 seg/vel 3**.
3. Con la espátula, baje los ingredientes hacia el fondo del vaso y mezcle **10 seg/vel 4**. Deje reposar en el vaso durante aprox. 30 minutos.
4. En una sartén plancha acanalada de 22x22 cm, caliente 1 cucharada de mantequilla. Vierta en la sartén la mitad de la masa del vaso (aprox. 400 g) y mantenga a fuego medio hasta que en la superficie se formen burbujas. Dele la vuelta al gofre y cocine unos minutos más. Retire de la sartén y cocine la otra mitad de la masa de la misma manera.
5. Corte cada gofre en 4 partes y sirva con la nata montada y el chocolate fundido.

15 min | 45 min | baja | 8 | 8 raciones

Por ración:
Energía 2.387 kJ / 571 kcal
Proteínas 9 g / Hidratos 45 g / Grasa 40 g
Colesterol 145 mg / Fibra 5 g

BÁSICOS

Almíbar — 34
Baño de azúcar — 36
Baño de chocolate — 37
Fondant (pasta de azúcar) — 35
Masa de hojaldre clásica — 22
Masa *sablé* con almendras (sin huevo) — 32
Merengue con agua — 30
Merengue francés — 26
Merengue italiano — 28
Pasta de almendra — 31
Praliné de almendras — 24

BIZCOCHOS

Bizcocho al vapor con almíbar de limón — 62
Bizcocho al vapor con mermelada de frambuesa — 66
Bizcocho cuatro cuartos — 44
Bizcocho de avellanas — 68
Bizcocho de coco — 40
Bizcocho de piña — 52
Bizcocho de zanahoria y almendra — 48
Brownie marmolado — 54
Brownies de chocolate blanco y pistachos — 58
Bundt cake de especias — 56
Cake de naranja confitada y almendra — 60
Cake de plátano y nueces pacanas — 64
Coca de llanda — 42
Soletillas (Bizcocho Victoria) — 46
Tortas de Alcázar — 50

MUFFINS Y CUPCAKES

Cupcakes de chocolate y cacahuete — 86
Cupcakes de vainilla — 84
Minimuffins con pistachos y arándanos — 72
Muffins de cerveza negra — 80
Muffins de chocolate con corazón de frambuesa — 74
Muffins de maíz — 76
Muffins de plátano — 82
Rebojos zamoranos — 78
Red velvet cupcakes — 88

GALLETAS Y PASTAS

Carquinyolis — 98
Galletas de chocolate craqueladas — 108
Galletas de manteca y coco — 96
Galletas de mantequilla de cacahuete — 104
Galletas para decorar — 110
Lenguas de gato con chocolate — 102
Pastas de avellanas — 97
Pastas de té rizadas — 100
Tejas de almendra — 94
Tulipas — 106
Vallobinas — 92

PEQUEÑA PASTELERÍA

Alfajores rellenos de dulce de leche — 150
Almoixàvenas — 134
Bizcochos borrachos — 128
Bollos de mantequilla de Bilbao — 130
Cake pops — 164
Canutillos de crema — 146
Carbayones — 126
Carolinas — 148
Coquitos — 144
Cremadillos — 122
Financieros de albaricoque — 136
Mierensinas — 152
Minicannelés bordelais — 154
Milhojas con crema pastelera y nata — 118
Milhojas de merengue — 120
Panellets — 132
Pasteles de chocolate y vainilla — 156
Pasteles de nubes con coco y pistachos — 114
Petisús *(éclairs)* — 138
Rosa de hojaldre y manzana — 116
Scones — 140
Tartaletas de uvas — 142
Tocino de cielo — 160
Yemas — 162

DULCES DE SARTÉN

Buñuelos de viento — 174
Cañas de nata — 170
Fritillas — 182
Fritos de manzana — 172
Gofres de sartén — 186
Leche frita — 178
Pestiños borrachuelos — 176
Roscos chiclaneros — 184
Rosquillas — 168
Rosquillas americanas *(doughnuts)* — 180

A

Alfajores rellenos de dulce de leche — 150
Almíbar — 34
Almoixàvenas — 134

B

Baño de azúcar — 36
Baño de chocolate — 37
Bizcocho al vapor con almíbar de limón — 62
Bizcocho al vapor con mermelada de frambuesa — 66
Bizcocho cuatro cuartos — 44
Bizcocho de avellanas — 68
Bizcocho de coco — 40
Bizcocho de piña — 52
Bizcocho de zanahoria y almendra — 48
Bizcochos borrachos — 128
Bollos de mantequilla de Bilbao — 130
Brownie marmolado — 54
Brownies de chocolate blanco y pistachos — 58
Bundt cake de especias — 56
Buñuelos de viento — 174

C

Cake de naranja confitada y almendra — 60
Cake de plátano y nueces pacanas — 64
Cake pops — 164
Canutillos de crema — 146
Cañas de nata — 170
Carbayones — 126
Carquinyolis — 98
Carolinas — 148
Coca de llanda — 42
Coquitos — 144
Cremadillos — 122
Cupcakes de chocolate y cacahuete — 86
Cupcakes de vainilla — 84

F

Financieros de albaricoque — 136
Fondant (pasta de azúcar) — 35
Fritillas — 182
Fritos de manzana — 172

G

Galletas de chocolate craqueladas — 108
Galletas de manteca y coco — 96
Galletas de mantequilla de cacahuete — 104
Galletas para decorar — 110
Gofres de sartén — 186

L

Leche frita — 178
Lenguas de gato con chocolate — 102

M

Masa de hojaldre clásica — 22
Masa *sablé* con almendras (sin huevo) — 32
Merengue con agua — 30
Merengue francés — 26
Merengue italiano — 28
Mierensinas — 152
Minicannelés bordelais — 154
Minimuffins con pistachos y arándanos — 72
Milhojas con crema pastelera y nata — 118
Milhojas de merengue — 120
Muffins de cerveza negra — 80
Muffins de chocolate con corazón de frambuesa — 74
Muffins de maíz — 76
Muffins de plátano — 82

P

Panellets — 132
Pasta de almendra — 31
Praliné de almendras — 24
Pastas de avellanas — 97
Pastas de té rizadas — 100
Pasteles de chocolate y vainilla — 156
Pasteles de nubes con coco y pistachos — 114
Petisús *(éclairs)* — 138
Pestiños borrachuelos — 176

R

Rebojos zamoranos — 78
Red velvet cupcakes — 88
Rosa de hojaldre y manzana — 116
Roscos chiclaneros — 184
Rosquillas — 168
Rosquillas americanas *(doughnuts)* — 180

S

Soletillas (Bizcocho Victoria) — 46
Scones — 140

T

Tartaletas de uvas — 142
Tejas de almendra — 94
Tocino de cielo — 160
Tortas de Alcázar — 50
Tulipas — 106

V

Vallobinas — 92

Y

Yemas — 162

IMPRESIÓN

Director de Thermomix España
Ignacio Fernández-Simal

Directora de marketing
Cécile Marié

Dirección del proyecto
Beatriz Rodríguez Díez

Redacción, coordinación editorial y maquetación
Alexandra Mas

Digitalización de recetas
Alexandra Mas
Isaac Ramos

Coordinación de recetas
Miriam Aguirre

Desarrollo de recetas
Isaac Ramos
Miriam Aguirre
Cristina Vela

Fotografías
Silvio Posada
Fernando Merino

Alejandro Braña

Miguel Merino

Martin Gentschow, Düsseldorf

Diseño y maquetación
Estudio Individuo

Valoración nutricional
Tu Nutricionista, S.L.

Impresión
G. Canale & C. S.p.A. – Italia

Edita
Vorwerk España, M. S. L., S.C.

Fuente para la valoración nutricional
Programa de Cálculo Nutricional PCN. GRAMS 1.1 editado por el Centro de Enseñanza Superior de Nutrición y Dietética de la Universidad de Barcelona, junto con la Base de Datos Española de Composición de Alimentos coordinada por la AESAN (Agencia Española de Seguridad Alimentaria y Nutrición del Ministerio de Sanidad, Política Social e Igualdad).

Teléfono de atención al cliente:
902 333 350

www.thermomix.es

ISBN: 978-84-606-8122-9
Depósito legal: M-25079-2015